사주, 궁합을 말하다

사주, 궁합을 말하다

발행일	2016년 5월 30일		
지은이	근 혁		
펴낸이	손 형 국		
펴낸곳	(주)북랩		
편집인	선일영	편집	김향인, 서대종, 권유선, 김예지, 김송이
디자인	이현수, 신혜림, 윤미리내, 임혜수	제작	박기성, 황동현, 구성우
마케팅	김회란, 박진관, 김아름		
출판등록	2004. 12. 1(제2012-000051호)		
주소	서울시 금천구 가산디지털 1로 168, 우림라이온스밸리 B동 B113, 114호		
홈페이지	www.book.co.kr		
전화번호	(02)2026-5777	팩스	(02)2026-5747

ISBN   979-11-5987-042-2 03150(종이책)   979-11-5987-043-9 05150(전자책)

이 도서의 국립중앙도서관 출판예정도서목록(CIP)은 서지정보유통지원시스템 홈페이지(http://seoji.nl.go.kr)와
국가자료공동목록시스템(http://www.nl.go.kr/kolisnet)에서 이용하실 수 있습니다.
(CIP제어번호 : CIP2016012202)

성공한 사람들은 예외없이 기개가 남다르다고 합니다.
어려움에도 꺾이지 않았던 당신의 의기를 책에 담아보지 않으시렵니까?
책으로 펴내고 싶은 원고를 메일(book@book.co.kr)로 보내주세요.
성공출판의 파트너 북랩이 함께하겠습니다.

• 근혁 지음 •

사주,
궁합을
말하다

갈등으로 치닫는 연인과의 관계를
180도 바꿀 수 있는 사례 중심 사주 풀이집

북랩 book Lab

사주는 연, 월, 일, 시를 기본 토대로 하여 네 개의 각주로 나누어 그 사람의 성향 패턴이나 잠재역량을 일깨워 주는 하나의 학문이라고 할 수 있다. 생년월일시를 토대로 그 사람의 성향이나 관념을 일깨워준다는 의미는 사주가 본래 좋고 나쁨이 없는 것임을 의미한다고 볼 수 있다. 이 말은 태어난 것 자체만으로 충분히 축복받을 수 있다는 것이고 누구든지 행복을 공유하면서 살 권리가 있다는 것이다.

살면서 누구든지 쾌락이나 경쾌한 각성을 최고로 생각할 수도 있겠지만, 나의 내면을 관리하고 중용을 지켜나갈 수 있는 마인드 또한 중요하다. 이 말의 핵심은 인간은 누구나 행복이나 쾌락을 추구하고 싶은 욕망이 존재하지만, 그것을 절제하려는 신념이 중요하다는 것이다. 나를 알고 다른 사람을 알아가는 것에서 그러한 절제를 배우게 된다. 이러한 절제능력을 사주를 통한 인간관계능력, 즉 궁합적인 사고를 통해 배워 나갈 수 있다고 할 수 있다.

인간으로 태어나 생년월일시를 가지고 적절한 시기에 인연을 만나고 헤어지고 사귐을 반복하며 결혼을 한다는 것은 인생에서 가장 축복받은 일인지도 모른다. 즉 혼자가 아닌 누군가와 함께 인생을 나눠 가는 것은 기쁘고 값진 일, 즉 사랑의 빛이 시작되었다고 표현할 수 있다.

하지만 우리는 이러한 축복과 행운을 결혼 생활을 하거나 사람을 사귀면서 잊어버릴 때가 많다. 서로 단점을 지적하여 싸우거나 상대의 허점을 보고 서로 갈등을 만들어서 사는 경우가 많기 때문이다.

이것의 원인은 상대의 마음이나 성향을 인정해 주지 못하고 나의 본질성만 추구하다 보니 발생하는 것이다. 틀림이 아닌 다름을 인정하지 않기 때문이다. 또한, 혼자일 때는 외로움이나 '모솔'이라는 단어를 쓰면서 인연을 찾아다니지만, 막상 외로움이 해결되면 상대가 나의 마음을 맞추어 주기를 바라게 된다. 결혼하고 취직을 하여 사회생활을 하면서도 항상 불만족스러운 일들이 양상 된다고 생각하게 된다.

여기서 궁합적인 사고를 키워야 하는 이유를 찾을 수 있다. 기본적으로 자신이 누군가와 연인 사이가 되고 친구가 된다는 것을 감사하는 마음을 가지는 것이 가장 중요하다고 할 수 있다. 그리고 내가 결혼을 하고도 지속적으로 불행할 수밖에 없다면 그것은 궁합적인 사고를 통한 나의 심리와 성향을 제대로 관망하지 못한 것에서 이유를 찾을 수 있다. 또한, 상대방의 행동패턴을 이해하지 못해서이므로 부수적인 원인을 분석해 나갈 수도 있다.

그런 의미에서 사주에서 말하는 궁합, 사주의 인간관계스타일을 분석해 나가는 것은 사주의 고정 관념을 없애고 사주에서 말하는 단편지식이나 시나리오를 상대에게 주입하는 것이 아님을 스스로 깨달아야 한다.

이것을 이해하여야 이 책이 가고자 하는 것을 짐작하고 관망할 수 있다. 이 책은 단순히 미래 예측적인 측면이 아닌 나의 성향이나 관념을 통하여 스스로가 주체가 되어 인생을 살아 나가는 처세술을 말하고 있다. 즉 미래예측의 한 단계 업그레이드된 표현이라고 할 수 있으며 다른 말로는 미래 전략적인 학문, 미래 전략기술이라고 정의할 수 있다.

이러한 맥락을 통해, 이 책은 인간관계의 다방면을 사주에 따라 분석해 놨으며, 사주의 기초적인 원리와 이론을 간단하게 소개하고 거기에 따른 신살 론을 통하여 사주의 흐름과 동시에 인간관계의 의미를 되짚어 볼 수 있다. 또한, 십성의 원리를 통해 사주의 의미를 깊이 있게 확인해 나갈 수 있으며, 단편적인 신살 론을 구체화 시켜 인생 가치관의 의미를 더욱더 의미 있게 부여해 나간다고 할 수 있다.

그리고 역술가들이 표현해 나가는 의미를 통하여 어떻게 인간관계를 맺어야 하는지를 분석해 보고 내가 부족한 부분이나 약한 부분이 있다면 후천적으로 어떻게 극복해 나가야 하는지를 소개한다고 할 수 있다. 마지막 단락에서는 이러한 성향을 통하여 내가 가져야 할 마인드와 오행이 편중되어 있을 때의 대처 자세 등을 소개하였다.

즉 인생을 완전하게 바꿀 수는 없지만, 후천적으로 인간관계의 스타일을 분석함으로써 긍정적인 마인드로 전환해 나가는 것이 중요하다고 생각한다. 이 책을 통해서 변화되어 가는 자신의 마음을 확인해 보는 것도 좋을 것이다.

어쩌면 인생은 누구나 행복하지만 외롭고 힘들 수도 있다는 이면을 가진다. 행복을 공유해 나가되 이러한 이면적인 부분을 항상 생각해 두고 사주와 궁합적인 지식을 배워보기를 권유해 본다.

2. 신살 론으로 보는 인간관계 스타일

3. 십성으로 보는 인간관계 스타일

6. 편중된 사주의 인간관계 스타일

1

사주, 궁합의 정의와 이론

1-1. 사주, 궁합의 정의와 목적

사주는 총 세 가지로 분류할 수 있다. 첫 번째는 선천적 재능, 두 번째는 광의적인 궁합의 사고, 세 번째는 협의적인 궁합의 사고라고 정의할 수 있다.

인간관계의 핵심은 선천적인 재능을 뺀 두 번째와 세 번째를 합한 궁합적인 사고라고 할 수 있다. 궁합적인 사고란 연인 관계나 부부 관계, 사회적 관계, 친구 관계, 동업자와의 관계, 부모와 자식 간의 관계, 타인과 나와의 관계 등을 총칭하여 나를 주체로 한 상대방과의 성향결합을 음양오행에 따라 분석하고 논리적으로 펼쳐 나가는 것을 의미한다.

하지만 우리가 일반적으로 알고 있는 궁합은 연인 관계나 부부 관계를 의미하며 서로 간의 성향을 잘 확인하여 텔레파시가 잘 통하는지, 아니면 내가 바라는 것을 상대방이 잘 수용할 수 있는지를 음양오행과 십간, 십이지에 따라 분석해 나가는 이론이라고 할 수 있다. 이것을 협의의 궁합 적 사고라고 하며 일반적인 궁합의 표본이라고 할 수 있다.

하지만 궁합을 협의의 이론으로 분석하게 되면 하나의 단면만 보게된다. 따라서 상대방의 정확한 성향이나 구체적인 방안이 제시되지 않을 수 있다. 때문에, 협의의 이론과 광의의 이론을 합하여 내가 가지고있는 자아의 본모습을 깨우치며 상대방과의 관계를 유동적으로 흘러갈 수 있도록 하는 능력이 필요하다.

사주, 궁합을 보는 목적이 여기에 숨어 있으며 궁합은 나의 참모습을 이해한다는 것에서 그 의미가 깊다고 할 수 있다.

- 협의의 궁합적인 사고: 부부 관계, 이성적인 관계의 단면(음양오행을 통한 서로의 텔레파시, 성격의 합 정도)
- 광의의 궁합적인 사고: 인간관계의 총칭(음양오행을 통한 인간사의 모든 관계를 의미함)

1-2. 사주를 통한 인간관계를 배워야 하는 이유

요즘 같이 스마트 폰과 인터넷 기술 개발, 각종 정보가 물 쏟아지듯 나오고 있는 정보화 사회에서 나의 자존감을 지키고 진실된 마음을 열어 상대방에게 접근하기란 여간 어려운 것이 아니다. 이는 사회는 정보화 시대에 맞추어 과정 중시보다는 결과 중시로 모든 것을 판단해 나가기 때문에 발생한 것이다.

이는 나의 본모습은 잊은 채 사회에 바라는 요구조건을 충족시키기 위하여 인간관계를 맺고 개개인에 대한 상품가치를 매김으로써 상대적인 박탈감이 생겨나게 한다. 자본주의 사회에서는 어쩔 수 없는 현상이지만, 이는 결혼 시장까지 영향을 끼친다. 그 결과 본인의 참모습을 깨닫고 진정한 사랑을 찾아 나서기보다 스펙에 얽매어 상대방을 평가하고 배우자를 택하게 되어, 결혼이 성사되더라도 요구조건이 커지게 되는 것이다.

즉 순수한 목적으로 상대방의 참모습을 보고 관계를 맺는다면 별문제가 되지 않는다는 것이다. 하지만 경제가 어려워지고 계약직, 열정

노동을 강요받는 사회 분위기 속에서 나의 순수한 모습을 가지고 인간관계를 맺기란 여간 어려운 일이 아니다. 그러다 보니 연예나 결혼, 인간관계를 포기하게 되며 어떤 사람들을 만나게 되더라도 계산적인 방법에 치우쳐 상대방을 바라보게 된다.

이러한 각박한 생활이 지속되다 보면 자아를 점점 상실하게 되며 경쟁적으로 나의 위치를 보고 항상 상대방과 비교를 하며 살게 될 것이다.

이러한 사회적 분위기 속에서 가장 중요한 것은 사주를 통한 궁합적인 사고를 키워나가는 것이 매우 필요하고 중요하다. 궁합적인 사고는 자신의 본 모습을 알아 나가는 것이 일차적인 목표가 되는 것이며 나의 성향, 관념을 통하여 상대방과의 관계를 진단해 나가는 것에 초점이 맞춰져 있다.

1-3. 음양오행의 원리와 상생상극 법칙

궁합적인 사고를 키워나가기 위해서는 사주 명리학의 기본토대를 이해하는 것이 가장 중요하며 그 근간에는 음양오행의 원리가 숨어져 있다.

① 음양陰陽

음양이란 음과 양 두 개의 개체가 서로 결합하여 이루어진 헤어질 수 없는 하나의 조직체로서 세상의 모든 것들은 음과 양으로 구분할 수 있다. 이 모든 것이 곧 우주를 이루는 기본 요소들로서 우주변화와 자연, 인간 만사의 실상을 파악하는 데 필요한 것이다.

예를 들어 남자는 양이므로 대부분 양의 특성을 가지고 태어나고 여자는 음이므로 대부분 음의 특성을 가지고 태어나지만, 우주의 천지조화는 남자의 특성과 여자의 특성을 보완하여 단점은 보충하고 장점은 더욱 살려서 세상을 만들어 가는 음양 조화의 이치라고 할 수 있다.

남녀 간의 사랑 음양의 구조에 달려 있다

음과 음, 양과 양끼리 결합하는 것을 사주명리학적 용어로 편이라고 한다. 즉 편이란 '삐뚤 편'이라고 하여 불배합의 관계라고 할 수 있다. 즉 음양이 조화 없이 살게 되면 '나'라는 존재도 상실하게 될 것이며 낮과 밤, 높낮이도 없게 되고 이 세상의 생명체들은 존재하지 않게 될 것이다. 즉 하늘은 양의 기질을 써, 남자에게는 '하늘 건' 자를 쓰고 여자에게는 음의 기질을 발휘한다고 하여 '땅 곤' 자를 쓴다. 직접 사주 명식을 세울 때도 반드시 땅 곤 자와 하늘 건 자를 쓰며, 이것은 남녀 간의 음양 구조를 명확하게 하려고 세워나가는 공식이라고 할 수 있다.

이처럼 남녀 간의 사랑은 우주 만물의 원리 '역'에 의하여 만들어진 것이라고 할 수 있으며 음양의 조화를 통한 궁합적인 사고에서 상대방을 이해하고 수용하게 되는 가장 중요한 키워드라고 할 수 있다.

② 오행五行

우주 삼라만상의 변화하는 원리를 나무, 불, 흙, 쇠, 물로 함축하여 놓은 것이다. 이것은 춘, 하, 추, 동의 사계절과 시간, 방위, 공간, 인간, 우주의 근본적인 법칙을 다섯 종류의 상像으로 설명한 것으로서 복합적인 개념을 가지고 연속적으로 변화하고 있는 오행이다.

- 오행五行의 상생상극相生相剋
  - 상생: 木 生 火 生 土 生 金 生 水
  - 상극: 木 剋 土 剋 水 剋 火 剋 金

생하는 것은 상대를 위하여 희생하는 것이고 극하는 것은 이롭기 위해서 상대의 기운을 빼앗는 것이다.

③ 오행의 상생 법칙

오행이 서로 도와주는 법칙을 상생 법칙이라고 한다.

- 木 生 火(목 생 화)
  木은 나무다. 나무는 火를 도와준다.
  즉 불이 잘 타기 위해서는 나무의 땔감이 필요하다는 얘기이다.

- 火 生 土(화 생 토)

  火는 土를 도와준다.

  토가 적정한 온도를 유지하려면 불의 온도가 필요하다.

- 土 生 金(토 생 금)

  土는 金을 도와준다.

  좋은 광물질은 좋은 흙에서 비롯된다고 볼 수 있다.

- 金 生 水(금 생 수)

  金은 水를 도와준다.

  좋은 물은 좋은 광물질에서 비롯된다고 볼 수 있다.

- 水 生 木(수 생 목)

  水는 木을 도와준다.

  묘목은 물을 통하여 쑥쑥 커간다.

④ 오행의 상극법칙

오행에서 도와주는 것이 있으면 이와 반대로 극하는 것도 있다.

- 木 剋 土(목 극 토)

  木은 土를 극한다.

  나무가 제구실을 하려면 흙을 극해야 한다.

- 土 剋 水(토 극 수)

  土는 水를 극한다.

  물의 양은 적절한 흙을 통하여 막을 수 있다.

- 水 剋 火(수 극 화)

  水는 火를 극한다.

  불은 물로 제어할 수 있다.

- 火 剋 金(화 극 금)

  火는 金을 극한다.

  쇠는 불로서 녹일 수 있다.

- 金 剋 木(금 극 목)

  金은 木을 극한다.

  울창한 나무를 극하려면 쇠의 도움이 필요하다.

  지금 얘기한 상생과 상극의 원리는 사주 명리학의 가장 기본적 토대 이론이라고 할 수 있으며 위의 내용을 암기하지 않는다면 사주와 궁합을 논할 수 없다.

1-4. 사주의 십간, 십이지의 특징과 육십갑자

① 음양陰陽과 오행五行론 성정과 속성

천간 음양			지지 음양		
甲(갑)	양	대림목	子(자)	음	이슬비
乙(을)	음	초목	丑(축)	음	작은흙
丙(병)	양	태양	寅(인)	양	대림목
丁(정)	음	촛불	卯(묘)	음	초목
戊(무)	양	큰산흙	辰(진)	양	큰산흙
己(기)	음	작은흙	巳(사)	양	태양
庚(경)	양	큰바위	午(오)	음	촛불
辛(신)	음	보석,금	未(미)	음	작은흙
壬(임)	양	바닷물	申(신)	양	큰바위
癸(계)	음	이슬비	酉(유)	음	보석,금
			戌(술)	양	큰산흙
			亥(해)	양	바닷물

음양이 오행으로, 오행은 다시 십간, 십이지로 세분되었으므로 십간과 십이지는 근본적으로 음양오행의 기운을 내포하고 있다.

오행	목		화		토		금		수	
	양	음	양	음	양	음	양	음	양	음
천간	甲	乙	丙	丁	戊	己	庚	辛	壬	癸
지지	寅	卯	巳	午	辰 戌	丑 未	申	酉	亥	子

천간은 하늘을 상징하므로 '하늘 천天'을 붙여 천간天干이 되었고 지지는 땅을 상징하므로 '땅 지地'를 붙여서 지지地支가 되었다.

천간 甲(갑), 丙(병), 戊(무), 庚(경), 壬(임)은 양에 속하므로 양간陽干이라 하고 乙(을), 丁(정), 己(기), 辛(신), 癸(계)는 음에 속하므로 음간陰干이라 한다.

이러한 십간 십이지를 통하여 서로의 육신 및 관계를 분석해 나갈 수 있다.

육십갑자六十甲子

천간과 지지를 양간은 양지, 음간은 음지와 순서대로 결합하면 육십갑자가 성립된다.

〈육십갑자 조견표〉

甲子	乙丑	丙寅	丁卯	戊辰	己巳	庚午	辛未	壬申	癸酉
甲戌	乙亥	丙子	丁丑	戊寅	己卯	庚辰	辛巳	壬午	癸未
甲申	乙酉	丙戌	丁亥	戊子	己丑	庚寅	辛卯	壬辰	癸巳
甲午	乙未	丙申	丁酉	戊戌	己亥	庚子	辛丑	壬寅	癸卯
甲辰	乙巳	丙午	丁未	戊申	己酉	庚戌	辛亥	壬子	癸丑
甲寅	乙卯	丙辰	丁巳	戊午	己未	庚申	辛酉	壬戌	癸亥

천간과 지지의 결합에 있어 양간과 음지, 음간과 양지는 결합하지 않으며 천간 열 자와 지지 열두 자를 한 번씩 순환하여 돌리면 모두 여섯 번이 돌아가므로 육십 종에 이르며 첫머리 갑자를 붙여 육십갑자

라 칭한다. 여기서 양간과 음지, 음지와 양지가 결합하지 않는다는 말은 원칙적인 얘기이며 예외적으로는 子(자), 亥(해), 巳(사), 午(오)는 음지와 양지끼리 결합을 하게 되며 십성을 구성해 나갈 시에 참고로 하면 된다.

따라서 모든 사람들의 생년월일시는 이 육십갑자의 어느 것에 해당하며 결국 명리학이란 간지의 결합에 의해 변화해 나간다. 이러한 특징에 맞추어 명리학의 공식을 만들자면 이와 같은 공식이 성립된다.

그럼 이제부터 사주 명리학의 기본적인 이론을 바탕으로 사주 공식을 세워보도록 하자. 보통 구식 명리학의 경우는 가로로 눕혀 연주, 월주, 일주, 시주의 기둥을 세워 나가며 명식은 다음과 같다.

(시간)　(일간)　(월간)　(연간)

◆　　　◆　　　◆　　　◆　　　→ 天干(천간)

◆　　　◆　　　◆　　　◆　　　→ 地支(지지)

(시지)　(일지)　(월지)　(연지)

하지만 십성을 매끄럽게 적어 분석해 나가야 하므로 구식 명리학의 공식 형태는 다소 번거로울 수 있다. 그리하여 편리하게 십성을 적용시켜 적어 나가기 위하여 현대 명리학의 공식 형태를 추구해 나가는 경향이 크다고 볼 수 있다. 공식은 다음과 같다.

　사주, 궁합을 말하다

天干(천간) 地支(지지)

(연간) ◆   ◆ (연지)

(월간) ◆   ◆ (월지)

(일간) ◆   ◆ (일지)

(시간) ◆   ◆ (시지)

　　현대 명리학의 공식을 써서 거기에 맞추어 일간을 대입하여 십성을 맞추어 나가면 된다. 자세한 것은 십성의 원리에서 더 정확하게 분석해 나갈 것이며 컴퓨터에서 제공하는 만세력은 전부 구 사주명식 구조를 이루고 있다.

　　참고로 네이버(naver)나 각종 포털 사이트에 '만세력'을 검색해 생년 월일시를 입력하면 손쉽게 나의 사주 명식이 뜬다. 책을 사서 나름대로 만세력을 보는 법을 익히는 방법도 있다.

1-5. 일간을 통한 나의 성향, 관념 익히기

• 이성과 감성적 감각의 구분

甲(갑)	乙(을)	丙(병)	丁(정)	戊(무)	己(기)	庚(경)	辛(신)	壬(임)	癸(계)
↓	↓	↓	↓	↓	↓	↓	↓	↓	↓
양	음	양	음	양	음	양	음	양	음

여기서 양은 진취적이고 뒤끝이 없이 사물을 보고 상황을 파악하는데 적극성을 가지고 있으며, 음은 내성적이고 옹졸하며 항상 신중하게 사물을 보는 습관이 있다고 하자. 또한, 양은 이성적 인간이라고 하고 음은 감성적 인간이라고 해 보자.

하지만 음양을 통하여 이성적 감각의 소유자와 감성적 감각의 소유자로 구분하는 것은 전체적인 성향을 맞추기에 한계가 있다. 그 이유는 양의 기질을 가진 사람이 활동적이고 진취적이기는 하지만, 의외로 인간관계에서는 감성적으로 다가가 상처를 잘 받을 수 있다. 마찬가지로 음의 기질을 가진 사람이 옹졸하고 마음이 약할 수 있지만, 인간관계에서는 본인이 우위를 독점하여 사물을 관찰하고 표현함으로써 이성적인 인간으로 비칠 수도 있기 때문이다.

물론 사람이 살다 보면 감성적인 사람이 이성적으로 바뀌는 경우도 있고 이성적인 사람이 상황에 따라 감성적으로 바뀌는 경우도 있다. 하지만 총괄적으로 본인이 가진 고유 마인드는 그대로 간직한 채, 조금씩 상황에 따라 변모해 나갈 뿐이다. 따라서 일간의 성향을 토대로 개인이 가지고 있는 고유성향의 장단점을 명확하게 구분할 수 있다.

이성적 인간은 인간관계를 맺음에 있어 의리를 중요하게 여기고 다소 과격해 보인다. 그들은 마음속에 표출된 행동이 자신을 과격하게 제재하더라도, 상대방의 심리, 성향을 파악하여 행동하고 현명하게 대처해 나가는 사람들이다.

감성적 인간은 인간관계에 있어 옳고 그름을 떠나 마음속 깊이 내재되어 있는 옹졸한 마음이 있어 생각과 마음이 따로 놀게 되는 유형이라고 볼 수 있다.

사물에 있어서 음과 양 모두 이성적인 감각을 조금씩 가지고 있다고 볼 수 있지만, 일간의 성향을 통하여 인간관계를 맺음에 있어 어디에 좀 더 치중되어 나가는지를 확인해 나갈 수 있다.

- 인간관계의 전체적인 맥락
  - 이성적 인간: 병, 무, 기, 경, 임
  - 감성적 인간: 갑, 을, 정, 신,
  - 이성과 감성의 중화: 계

① 인간관계를 통한 구분

甲(갑): 감성적 감각에 치중

무슨 일이든지 잘하려고 하며 최고가 되어야 한다는 강박관념으로 사물을 본다. 결과적으로 남에게 굽히지 않고 자기식대로 상대방에게 군림하려는 성향이 강하다.

乙(을), 丁(정), 辛(신): 감성적 감각에 치중

옹졸, 꼼꼼, 냉정하다. 한번 마음이 상하게 되면 지속적으로 뇌리에 스치며, 똑같은 일이 반복되었을 때 자존심과 결부시켜 대인관계를 맺을 가능성이 있다.

丙(병), 庚(경), 壬(임): 이성적 감각에 치중

다소 의리파이며 쓸데없는 참견이 많고 뒤끝이 없이 사람들을 대하는 면이 강하다. 다소 욕을 먹더라도 끊고 맺음은 확실하다. 이는 인간관계에서 상처를 받았던 경험을 오히려 전화위복으로 삼고 냉철하게 인간관계를 맺어 나감을 의미한다.

戊(무): 이성적 감각에 치중

의리파이면서 다소 사고가 단순하며 내 편에 있어서는 물러남이 없다. 고지식하고 사고가 단순한 것 같지만, 상대방에게 상처를 받았을 때는 교묘하게 내 편으로 만들어 나가는 기술이 뛰어나다. 이 또한 지략과 사람을 대할 때 내 감정에 치중하기보다 냉철하게 판단하여 행동해 나가려는 성향이 강하다고 볼 수 있다.

근(기): 이성적 감각에 치중

섬세함, 꼼꼼함, 예리한 판단력, 자상, 소심, 인내성을 가지고 있다. 항상 중용을 지키고 사람 관계에 있어 넘치는 것을 싫어한다. 싸움이나 기타 沖(충)이 오더라도 피하고 보는 성향이 강하기는 하나, 고도의 섬세함을 통해 자신의 성향을 극복하려는 경향이 강하다.

癸(계): 이성적 감각과 감성적 감각의 중화

섬세하고 조용하며 인간관계에 있어 득과 실을 잘 가려내는 이성적인 성향이 드러난다. 하지만 감정이 격해지면 눈물로 상대방의 동정을 자극하려는 성향이 있다.

1-6. 사주 명리학의 기본적 이론(역마, 화개, 도화, 자형)

① 驛馬(역마)

巳(사), 申(신), 亥(해), 寅(인)

역마란 움직임, 이동 수, 이사, 출장, 변동을 의미한다. 하지만 포괄적인 의미에서 분석하자면 마음의 변동, 산만함, 얽매어있지 못한 성격을 의미한다. 또한, 기질을 잘 살려 나간다면 프리랜서 계통으로 성공한다는 의미를 담고 있다. 위의 사巳, 신申, 해亥, 인寅는 사주에서 지지를 의미하며 대입할 시 다음과 같이 설명할 수 있다.

예시

(1)과 (2)와 같이 연, 월지에 대입, 월, 일지에 대입되어 있을 때 역마의 작용이 강하다고 볼 수 있다. 하지만 (3)의 경우에는 역마의 작용이 약하며 작용하지 않을 가능성도 있다. 즉 사巳와 신申의 중간에 대입되

어 있는 지지가 역마의 십이지가 아닌 경우 해당된다고 봐야 한다.

② 華蓋(화개)

辰(진), 戌(술), 丑(축), 未(미)

화개란 종교, 철학, 옛 고서적에 심취한다는 의미를 담고 있으며 포괄적인 의미에서는 냉정함과 냉혹함, 비정한 자기중심적인 사고, 날카롭고 분석적인 사고를 의미한다. 즉 종교나 철학은 냉정하게 사물을 통찰한다는 의미도 부여되었다고 추측해 볼 수 있다.

예시

(1)   (2)   (3)

화개(○)   화개(△ or ×)

(1)과 (2)와 같이 연, 월지나 월, 일지 또는 일, 시지에 붙어 있는 경우 화개의 작용이 강하다고 볼 수 있으며 (3)과 같이 따로 떨어져 있는 경우에는 작용이 약하며 작용하지 않을 수도 있다. 즉 미未와 술戌의 중간에 대입되어있는 지지가 화개의 십이지가 아닌 경우 해당된다고 봐야 한다.

③ 桃花(도화)

子(자), 卯(묘), 午(오), 酉(유)

도화란 이성적인 문제, 연애, 결혼 문제를 포괄적으로 의미하며 협의
적인 관점에서는 내가 인지하고 있는 문제에 대한 결함 등으로 해석하
면 무난하다.

예시

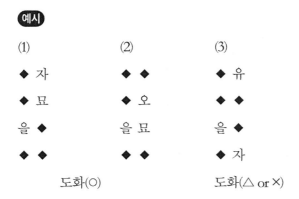

위에서 설명한 것처럼 (1)과 (2)는 서로 도화를 의미하는 지지가 붙어
있기 때문에 작용을 한다고 해석해야 한다. 반면 (3)은 따로 떨어져 있
기 때문에 작용하지 않거나 미비하게 작용한다고 해석해야 한다. 물론
(3)에서 자子와 유酉 사이에 도화의 십이지가 존재한다면 작용할 가능
성이 높다.

④ 自刑(자형)

自刑(자형)이란 스스로 자초하여 분란을 만들어 나가는 것을 의미하며 구설수, 시비, 횡포, 무뢰, 옹고집 등을 의미한다고 볼 수 있다.

桃花 的 自刑(도화 적 자형)

도화 적 자형이란 이성적인 문제로 인한 구설수, 시비, 횡포무뢰를 의미한다고 볼 수 있다.

» 子子(자자), 卯卯(묘묘), 午午(오오), 酉酉(유유), 子卯(자묘)

(1)은 월, 일지가 같이 붙어 있는 경우로 작용한다고 해석할 수 있으며 (2)와 (3)은 중간에 도화의 지지가 없는 경우 작용하지 않는다고 해석해야 한다.

華蓋的 自刑(화개적 자형)

화개적 자형이란 종교문제, 학술문제 또는 성격적인 차이에 의하여 발현되는 자형살이라고 할 수 있다.

» 辰辰(진진)

(1)과 (2)는 같이 붙어 있기 때문에 작용을 하며 (3)은 진辰과 진辰 사이에 지지의 진辰이 들어간다면 자 형살이 강하게 작용하며 진辰이 없는 경우는 작용하지 않는다.

역마적 자형

역마적 자형은 얽매이지 못하고 돌아다니면서 스스로 분란을 자초해 나가는 것을 의미한다.

» 亥亥(해해)

(1)과 (2)는 같이 붙어 있기에 작용하며 (3)은 해亥와 해亥 사이에 지지의 해亥가 들어간다면 자 형살이 강하게 작용을 하며 해亥가 없는 경우는 작용하지 않는다.

1-7. 사주 명리학의 기본적 이론(삼형살)

삼형살이란 날카롭고 분석력을 요하는 직업이나 일, 또는 인간관계를 맺어 나간다는 것을 상징적으로 의미하며, 역마의 삼형살과 화개의 삼형살 두 개로 분류하여 설명해 나갈 수 있다.

① 三刑殺(삼형살)의 원리(역마)

역마의 상징인 '사巳, 신申, 해亥, 인寅 중에서 해亥를 제외한 나머지가 사주의 지지에 형성되어 있는 경우를 역마의 삼형살이라고 할 수 있다.

역마의 삼형살이 있는 경우 무모하게 일을 벌여 실패하는 경우로 해석하는 경우가 많으며 이는 산만함과 얽매여 있지 못하는 성격으로 화를 자초할 수 있음을 의미한다.

하지만 날카롭고 분석력을 요하는 삼형살의 장점을 부각시킨다면 인간관계와 일에 있어서 큰 성공을 이룬다는 의미를 담고 있다.

寅巳申(인사신)

예시

(1)	(2)	(3)
◆ 인	◆ ◆	◆ 인
◆ 사	◆ 사	◆ ◆
◆ 신	◆ 인	◆ 신
◆ ◆	◆ 신	◆ 사

삼형살 모두 적용(○)

삼형살은 순서나 붙어 있는 것 상관없이 모두 작용한다고 봐야 한다.

② 三刑殺(삼형살)의 원리(화개)

화개의 상징인 진辰, 술戌, 축丑, 미未 중에서 진辰을 제외한 나머지가 사주의 지지에 형성되어 있는 경우를 화개의 삼형살이라고 할 수 있다.

화개의 삼형살이 있는 경우 냉정함과 냉혹함, 인간미가 다소 떨어진 다는 인상을 강하게 줄 수 있으며 가만히 얽매어 어떠한 집중력을 요하는 일을 할 때는 강한 잠재역량을 발휘해 나간다.

丑戌未(축술미)

예시

(1)
◆ 축
◆ 술
◆ 미
◆ ◆

(2)
◆ ◆
◆ 축
◆ 미
◆ 술

(3)
◆ 미
◆ ◆
◆ 술
◆ 축

삼형살 모두 적용(○)

삼형살은 순서나 붙어 있는 것 상관없이 모두 작용한다고 봐야 한다.

③ 驛馬(역마)의 刑殺(형살)

역마의 형살은 역마 자형살과 비슷한 작용을 하는 것이 특징이며 단지 약하게 작용한다는 특징을 가지고 있다.

寅巳(인사), 巳申(사신), 寅申(인신)

예시

(1)과 같이 붙어 있는 경우는 역마의 형살이 작용하며 (2)와 (3)의 경우 역마의 지지가 떨어져 있다면 작용을 크게 하지 않는다.

④ 華蓋(화개)의 刑殺(형살)

화개의 형살은 화개 자형살과 비슷한 작용을 하는 것이 특징이며 단지 약하게 작용한다는 특징을 가지고 있다.

丑戌(축술), 戌未(술미), 丑未(축미)

예시

(1)   (2)   (3)

◆ 축   ◆ ◆   ◆ 미

◆ 술   ◆ 축   ◆ ◆

◆ ◆   ◆ 미   ◆ 술

◆ ◆   ◆ ◆   ◆ ◆

(1)과 (2)와 같이 붙어 있는 경우는 화개의 형살이 작용하며 (3)의 경우 화개의 지지가 떨어져 있다면 작용을 크게 하지 않는다.

1-8. 三合(삼합), 半合(반합)의 이론

① 三合(삼합)

亥卯未(해묘미), 寅午戌(인오술)
巳酉丑(사유축), 申子辰(신자진)

삼합이란 지지地支에서 세 글자가 모여 합이 되는 것을 의미하며, 중간 글자가 없을 때는 삼합이 작용되지 않는다. 즉 중간 글자의 오행을 중심으로 앞의 지지와 뒤의 지지가 융화를 이룬다는 의미를 담고 있다. 예를 들어 亥卯未(해묘미)의 경우 중간인 卯(묘)가 木(목)의 성분을 가지고 있으므로 앞의 지지인 亥(해)와 뒤의 지지인 未(미)는 자연스럽게 목의 성분으로 융화가 된다는 이론이다. 또한 형, 충, 파, 해를 제어해 주는 역할을 한다.

해묘미(해묘미)

» 亥卯未(해묘미) → 卯(묘)로 편중

(1)

◆ 해
◆ 묘
◆ 미
◆ ◆

(2)

◆ ◆
◆ 미
◆ 묘
◆ 해

(3)

◆ 미
◆ ◆
◆ 해
◆ 묘

모두 적용(○)

寅午戌(인오술)

» 寅午戌(인오술) → 午(오)로 편중

(1)

◆ 인
◆ 오
◆ 술
◆ ◆

(2)

◆ ◆
◆ 술
◆ 인
◆ 오

(3)

◆ 오
◆ ◆
◆ 술
◆ 인

모두 적용(○)

巳酉丑(사유축)

» 巳酉丑(사유축) → 酉(유)로 편중

예시

(1)

◆ 사
◆ 유
◆ 축
◆ ◆

(2)

◆ ◆
◆ 축
◆ 사
◆ 유

(3)

◆ 유
◆ ◆
◆ 사
◆ 축

모두 적용(○)

申子辰(신자진)

» 申子辰(신자진) → 子(자)로 편중

예시

(1)

◆ 신
◆ 자
◆ 진
◆ ◆

(2)

◆ ◆
◆ 자
◆ 진
◆ 신

(3)

◆ 진
◆ ◆
◆ 자
◆ 신

모두 적용(○)

결론적으로 삼합의 특성은 붙어 있는 것과 순서의 상관없이 모두 작용한다고 봐야 한다.

② 半合(반합)

半合(반합)은 三合(삼합)과 함께 刑(형), 沖(충), 破(파), 害(해)를 적절히 제어해주는 역할을 해준다는 공통적인 특징이 있지만 편중된 사주로 해석하지는 않는다.

예를 들어 寅午戌(인오술)이 삼합이라면 寅午(인오)나 午戌(오술)은 반합의 작용을 하며 중간 글자인 午(오)의 오행의 성분이 작용하여 융화를 이루지는 않는다. 또한 중간 글자를 뺀 寅戌(인술)은 반합의 작용을 하지 않는다. 그리고 申子辰(신자진)의 申子(신자)나 子辰(자진)은 반합의 작용을 하지만 申辰(신진)은 반합의 작용을 하지 않는다. 즉 중간 글자가 반합을 결정짓는 데 중요한 역할을 한다고 할 수 있다.

예시 寅午戌(인오술) 三合(삼합)의 반합작용

(1)　　　　　(2)　　　　　(3)

◆ 인　　　◆ ◆　　　◆ 오
◆ 오　　　◆ ◆　　　◆ ◆
◆ ◆　　　◆ 인　　　◆ ◆
◆ ◆　　　◆ 오　　　◆ 인

　반합 적용(○)　　반합 적용(×)

(1)과 (2)와 같이 반합은 붙어 있는 경우 작용을 하며 (3)과 같이 떨어져 있는 경우는 반합이 크게 작용하지 않는다.

1-9. 지지에 대한 合(합), 刑(형), 沖(충), 破(파), 害殺(해살)의 이론과 응용

지지를 통한 합, 형, 충, 파, 해의 구조는 사람의 심리나 성향을 파악하는 도구로 이용되며 사주 명리학의 기본적인 이론이라고 할 수 있다.

그중 천간의 합, 형, 충, 파, 해는 성향이 약하게 내포되어 크게 드러나지 않지만, 지지의 연지, 월지, 일지, 시지는 사람의 성향을 내포하는 가장 중요한 기호라고 할 수 있다. 특히 연지와 월지의 합, 형, 충, 파, 해는 사람의 초년기와 청년기의 성향구조를 의미한다고 할 수 있다. 그리고 월지와 일지의 합, 형, 충, 파, 해는 청년기와 장년기의 성향구조를 의미한다고 하지만 사주감정에서는 그 사람의 가장 중요한 심리적 구조, 사상, 이미지 등을 담고 있다고 봐야 한다.

그리하여 사주감정 시에 월지와 일지의 합, 형, 충, 파, 해 구조를 살펴보는 것이 그 사람의 상황과 성격을 이해하는 결정적인 힌트가 된다고 볼 수 있고 나를 가장 잘 이해할 수 있는 근본적인 사주풀이 방식이라고 할 수 있다. 이것을 토대로 하여 나의 본 모습을 이해한 다음 상대방의 사주 명식 구조를 통하여 그 사람을 이해한 다음 서로의 궁합적인 사고를 분석하면 된다.

① 지지 합의 해석법

합의 해석은 삼합, 방합과 비슷하게 일간의 오행에 따른 십성 해석 (chapter 3에서 자세한 설명)과 오행 부재 시 새로운 오행이 발현되어 나간다는 뜻에서 중요하다. 즉 두 개 이상의 지지가 만나 또 다른 십성으로 해석되는 것이며, 기존에 존재하는 하나의 십성 및 오행의 해석은 그대로 잔재 하면서 새롭고 강력한 또 다른 오행 중의 하나를 만들어 내는 것이다.

즉 자축 합 토에 있어 子(자)의 지지오행은 水(수)가 되고 丑(축)은 土(토)가 된다. 하지만 子의 성분인 水는 그대로 존재하면서 土라는 또 다른 오행으로 강하게 존재하게 되는 것이다. 간략하게 정리하자면

(1) 지지의 합은 또 다른 표현으로 육합이라고 하며 12지지가 각각 다른 지지와의 합하는 관계를 의미한다고 볼 수 있다.

(2) 지지의 합은 연지와 월지, 월지와 일지, 일지와 시지 등 같이 붙어 있을 때 강하게 합하여 오행의 힘이 강해진다고 할 수 있다.

(3) 합하게 되면 본래 오행의 잔재는 그대로 남아 있되, 약하게 작용하고 합하게 된 오행은 강력한 힘을 내어 선천적 재능을 내 뿜어 낸다.

— 〈사주를 알면 진로가 보인다〉 참조

② 지지 합地支合

자축 합 토(합으로만 해석)
인해 합 목(역마의 합에서 파, 용두사미)
묘술 합 화(도화의 합)
진유 합 금(도화의 합)
사신 합 수(역마의 합에서 파, 역마 손재수)

예시

(1)   (2)

◆ ◆   ◆ ◆

◆ 해   ◆ 해

갑 인   갑 ◆

◆ ◆   ◆ 인

작용(○)   작용(× or △)

　寅亥 合 木(인해 합 목)은 木(목)의 성분으로 강하게 해석되며 역마의
기질이 발산되어 처음에는 어떠한 뜻을 이루지만 결국 용두사미나 작
심삼일로 갈 가능성도 내포한다. 즉 끈기나 인내심이 부족한 본인의 성
향을 가늠해 볼 수 있으며(1)에서 월, 일지에 붙어 있는 경우에는 寅亥
合 木(인해 합 목)이 강하게 작용한다고 봐야 한다. 그러지 않고(2)에서
처럼 떨어져 있는 경우에는 미비하게 작용하거나 작용하지 않을 가능
성이 크다.

즉 寅(인)과 亥(해) 사이에 역마 기질의 지지가 형성되어 있다면 작용을 어느 정도 한다고 봐야 하며 그렇지 않다면 작용이 미비하거나 작용하지 않는다고 봐야 한다.

예시

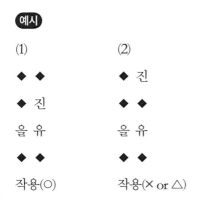

(1)	(2)
◆ ◆	◆ 진
◆ 진	◆ ◆
을 유	을 유
◆ ◆	◆ ◆
작용(○)	작용(× or △)

辰酉 合 金(진유 합 금)은 도화의 합이라고 하며 이성적으로 상대와 잘 융합을 이룬다는 의미가 있으며, 더 나아가서는 인간관계에 있어 상대와 잘 융화해 나간다는 의미를 담고 있다. (1)에서는 辰酉 合 金(진유 합 금)이 붙어 있어서 작용하며 오행의 金(금) 성분이 강하게 발현된다고 해석하면 된다. 그러나 (2)의 경우에는 서로 떨어져 있기 때문에 월지에 辰(진)이나 酉(유)의 지지가 존재한다면 작용을 어느 정도 한다고 봐야 되겠지만, 그렇지 않다면 작용을 하지 않을 가능성이 크다.

(1)   (2)

◆ ◆   ◆ ◆

◆ 사   ◆ 사

병 신   병 ◆

◆ ◆   ◆ 신

작용(○)   작용(× or △)

巳申 合 水(사신 합 수)는 역마의 합으로서 刑殺(형살)과 겹치는 특성이 있다. 즉 巳申 合 水(사신 합 수)의 특징은 역마의 기질을 발산하여 사물을 날카롭게 분석해 나간다는 의미, 즉 형살의 의미를 담고 있으면서 오행의 水(수)로 강하게 발현된다는 특징을 가지고 있다.

그런 의미에서 십성의 의미를 해석해 나갈 수 있으며 다소 돌아다니면서 처음에는 합으로 시작하지만, 나중에는 손재수가 생길 수 있다는 破(파)의 의미도 담겨 있다고 봐야 한다. 즉 어떠한 일을 하는 데 불안정성을 내포하고 있다고 보면 될 것이다.

(1)의 경우 붙어 있기 때문에 강하게 작용을 한다고 봐야 하며 (2)의 경우는 서로 떨어져 있기 때문에 일지에 巳(사)나 申(신)의 지지가 존재한다면 작용을 어느 정도 한다고 봐야겠지만, 그렇지 않다면 작용을 하지 않을 가능성이 높다.

③ 지지의 沖(충), 破(파), 害(해)의 해석법

合(합) 이외에 음과 음, 양과 양끼리 만나 충돌하게 된다는 이론으로, 예외적인 부분도 있다고 할 수 있다. 즉 원칙은 아니라는 뜻이며 破(파)와 害(해)에서 예외적인 부분이 드러난다고 할 수 있다.

또한, 종류에 따라 그 강도가 다르게 해석이 되는데, 害(해)가 파급력이 커 정신적, 물질적인 충돌이 많이 일어나게 되며 그와 못지않게 刑(형)도 비슷하다고 볼 수 있다. 그다음으로 破(파)가 있으며 沖(충)이 파급효과가 가장 적다고 할 수 있고 충은 충돌이 오더라도 가벼운 상처 정도라고 이해하면 된다.

하지만 충은 형과 중복되는 부분이 있어 예외적인 것들이 존재한다고 봐야 하며 파급효과 또한 예외적인 부분들이 존재한다고 봐야 한다. 이러한 부분들은 뒤의 충, 파, 해에 대한 자세한 설명을 토대로 하여 이해해 나갈 수 있다.

④ 沖(충), 破(파), 害(해)의 파급효과 비교

害(해) 〉 破(파) 〉 沖(충)

지지 합과 마찬가지로 연지와 월지, 월지와 일지, 일지와 시지 등 같이 붙어 있을 때 강하게 충, 파, 해가 작용한다고 보면 된다.

지지 충地支 沖

지지의 충은 양은 양끼리 음은 음끼리 만난 충을 말한다.

子午(자오), 丑未(축미)

寅申(인신), 卯酉(묘유)

辰戌(진술), 巳亥(사해)

子午(자오) — 관재구설, 손재(도화의 충)

丑未(축미) — 매사불성, 분쟁(화개의 충)

寅申(인신) — 애정풍파, 사고(역마의 충)

卯酉(묘유) — 문서변화, 인재(도화의 충)

辰戌(진술) — 독수공방, 손재(도화의 충)

'沖(충)'의 의미가 극단적이고 안 좋은 쪽으로 해석된다고 하여 의미 그대로 해석하면 맞지 않을 가능성이 높다. 예를 들어 子午(자오)의 의미가 관재구설, 손재라고 한다면 구설수에 의하여 본인이 정말 피해를 본다는 의미가 아니라 가벼운 말실수로 인하여 자신이 후회하는 것으로 해석할 수 있는 문제이기 때문이다. 그것 보다는 子午(자오)의 도화의 충의 뜻을 부각시켜 일간을 분석하여 성향의 문제를 파악해 나가면 된다. 즉 역마, 도화, 화개의 충 정도로 이해하면 되고 월, 일지에 있을 때 의미부여가 크다고 할 수 있다.

또한 寅申(인신) 沖(충)과 丑未(축미) 沖(충)은 刑(형)과 같이 중복되는 부분이 있으며 이것은 상황에 따른 변화로 예측해 나가면 된다.

지지 파地支破

파는 두 개의 기운이 서로 부딪혀 깨진다는 것을 의미하며, '파산한다'라고도 표현한다.

子酉(자유), 辰丑(진축), 寅亥(인해)
午卯(오묘), 戌未(술미), 巳申(사신)

子酉(자유) → 불화
辰丑(진축) → 관재구설官災口舌, 땅 문제
寅亥(인해) → 역마驛馬, 용두사미龍頭蛇尾
午卯(오묘) → 도화桃花, 매사불성每事不成
戌未(술미) → 화개花蓋의 시비, 분쟁
巳申(사신) → 역마驛馬, 손재損財

지지 파 또한 파산한다고 하여 액면 그대로 해석해 버리면 맞지 않을 가능성이 높다. 이것은 일간의 성향을 통하여 인간관계에서 갈등이 沖(충)보다 강할 수 있음을 암시하는 것이며, 위의 설명 같이 절대적이라고는 할 수 없다.

예를 들어 午卯(오묘)의 '매사불성' 의미로 해석해 볼 때 모든 일이 이루어지지 않는다는 의미가 아니라 이성적으로 뜻이 맞지 않아 본인 스스로가 힘들 수 있다는 의미를 내포한다고 해석하면 된다. 또한 지지에서 붙어 있는 경우 강하게 작용하고 떨어져 있다면 작용이 미비하다고 해석할 수 있다.

지지 해地支害

해를 손해 살이라고도 하며, 정신적으로나 물질적으로 손해를 보는 것을 의미한다.

子未(자미), 丑午(축오), 寅巳(인사)
卯辰(묘진), 申亥(신해), 酉戌(유술)

子未 — 桃花(도화), 怨嗔(원진)
丑午 — 桃花(도화), 怨嗔(원진)
寅巳 — 驛馬(역마), 刑殺(형살)
卯辰 — 桃花(도화), 損害(손해)
申亥 — 驛馬(역마), 損害(손해)
酉戌 — 桃花(도화), 損害(손해)

害殺(해살)이 沖(충), 破(파), 害(해) 중에서 파급효과가 강하게 작용하는 이유는 子未(자미)와 丑午(축오), 寅巳(인사) 때문으로 해석할 수 있다. 즉 子未(자미)와 丑午(축오)는 원진살(마음속 깊이 원망하는 마음)과 겹치는 지지로 미워하는 마음은 쉽사리 가라앉지 않기 때문에 파급효과가 크다고 해석하는 것이다. 또한 寅巳(인사)는 害殺(해살)과 驛馬殺(역마살), 刑殺(형살)과 중복되는 면이 있어 그 파급효과가 크다고 해석할 수 있다. 그 밖에 卯辰(묘진), 申亥(신해), 酉戌(유술)은 그 파급효과가 위의 세 지지보다는 적다고 해석할 수 있으며 해살은 충과 파, 합과 마찬가지로 붙어 있을 때 그 작용이 강하다.

1-10. 합, 형, 충, 파, 해의 궁합적인 이론

① 협의의 궁합적 성향 1

예시

(본래의 나) — 남

◆ ◆

◆ ◆ → 자子

庚 ◆ → 오午

◆ ◆

庚(경)의 사주는 의리파이며 다소 성격이 급하고 과격한 면이 많아 상대방을 적으로 만들어 버리는 성향을 가지고 있다는 것이다. 자기편을 지키려는 성향이 강한 만큼 제3자의 입장에서는 두려운 존재로 느껴질 수도 있기 때문이다.

여기서 자오 충이 월, 일지에 붙어 있다면 본인의 의리적 성향과 다혈질적인 면모로 인해 상대방과의 沖(충)이 자주 생긴다는 것을 알 수 있다. 즉 협의적 궁합으로 봤을 때는 부부관계로 인한 고초로 볼 수 있으며, 광의적 궁합에서는 인간관계의 모든 부분에서 이러한 성향이 나타남을 의미한다고 볼 수 있다.

(상대방) — 여

◆ ◆

◆ ◆ →자子

庚 ◆ →자子

◆ ◆

이 사람 또한 다소 성격이 급하고 저돌적이며 子子(자자)의 자형살이 붙어 있어 모든 구설수의 원인이 본인에게서 나타난다고 볼 수 있다.

위의 본래의 나와 상대방이 부부의 인연으로 만난다면 서로 과격하고 물러남이 없으므로 한번 싸우게 되면 걷잡을 수 없는 경지에 이르게 된다.

또한, 본인을 기준으로 봤을 때 일주의 육십갑자인 庚午(경오)의 '午(오)'와 상대방의 일주인 庚子(경자)의 '子(자)'가 합쳐지게 되면 자오의 충이 되어 더욱더 그러한 성향이 드러나게 됨을 의미한다. 즉 서로 맞지 않는다고 볼 수 있다.

② 협의의 궁합적 성향 2

예시

(본래의 나) — 남

◆ ◆ → 축丑

◆ ◆ → 인寅

庚 ◆ → 오午

◆ ◆

이 사주 역시 庚(경)의 기질을 가지고 있는 사주로서 월, 일지에 아무런 형, 충, 파, 해가 존재하지 않는다. 즉 경의 장단점을 분석하여 자신의 성향을 파악해 나가면 된다. 또한 丑午(축오)가 원진살로 쓰이는 지지이지만 붙어있지 않아 작용이 미비하다고 보면 되며 월지와 일지의 寅午(인오)는 반합의 작용이라고 할 수 있다.

즉 형, 충, 파, 해가 오더라도 적절하게 제어해 주는 역할을 한다고 볼 수 있다.

예시

(상대방) — 여

◆ ◆

◆ ◆ → 戌(술)

辛 ◆ → 未(미)

◆ ◆

辛(신)의 성향상 감성적인 인간으로서 뒤끝이 강하고 남의 얘기를 곱씹는 성향을 가졌다고 해석할 수 있다. 즉 이러한 단점이 戌未(술미)의 破殺(파살)이자 刑殺(형살)의 작용으로 더 크게 발현된다고 해석할 수 있다.

두 사주 사이에는 丑戌未(축술미)의 三刑殺(삼형살)이 존재하며 각 지지의 순서와 상관없이 작용한다고 봐야 한다. 즉 축, 술, 미의 특징은 냉혹, 은혜, 배신 등 궁합 적으로 맞지 않는다고 해석할 수 있을 것이다. 하지만 축, 술, 미의 장점을 이용하여 서로를 날카롭게 보고 분석해 나 감으로써 서로 간의 예의를 기본 패턴으로 활용해 나간다면 그에 따른 결과는 회복 가능하다고 해석할 수 있다.

또한, 궁합적으로 서로 간의 궁합 중 寅午戌(인오술)의 三合(삼합)이 성립되어 극복 가능하다고 설명할 수 있다. 즉 단점을 장점으로 융화시 켜 나간다고 볼 수 있다. 하지만 축, 술, 미의 단점을 발현해 서로의 관 계를 만들어 나간다면 그에 따른 결과는 불행으로 끝날 수도 있다.

즉 마음을 어떻게 만들어 나가느냐가 중요하다고 볼 수 있으며 庚(경) 의 기질을 가지고 있는 사람은 무난한 사회생활과 결혼 생활을 이어나 간다는 마인드가 깔렸다고 해석할 수 있다. 다시 말해 辛(신)의 성향을 가진 상대방이 적절한 노력만 한다면 별문제가 없다고 해석할 수 있다.

지금까지 사주 궁합을 알기 위한 기본적인 원리와 공식, 형, 충, 파, 해의 원리 등을 알아봤으며 이러한 이론들을 통하여 더 깊이 있게 사 주를 통한 궁합적인 사고와 맥락을 분석해 보도록 하자.

2

신살 론으로 보는
인간관계 스타일

2-1. 신살 론의 정의와 이론(협의적 관점을 통한 해석)

신살 론이란 귀신 신神에 죽일 살殺을 붙여 내 몸에 붙어 있는 나쁜 기운, 악마(devil)를 뜻하는 것으로, 이상하게 몸이 아프거나 정신적으로 고통을 겪는 육십갑자의 이론을 의미한다. 상대방에게 그러한 기가 전달되어 자신이 심적인 아픔을 겪고 상대방 또한 고통을 겪는다는 의미를 담고 있다.

이것은 각종 육십갑자의 종류에 따라 백호살, 부부 생리사별의 일진, 홍염살, 원진살, 괴강살이 대표적이라고 할 수 있다. 여기서 예외적으로 원진살은 육십갑자에 의한 것이 아닌 지지의 성향에 의하여 결정 난다고 할 수 있다.

① 백호살(일간을 통한 단점이 부각)

甲辰(갑진), 乙未(을미), 丙戌(병술), 丁丑(정축)
戊辰(무진), 壬戌(임술), 癸丑(계축)

일주에 이 글이 있을 시에는 "배우자를 극하거나 배우자가 피 흘리는 사고를 당하는 등 불길한 일들이 벌어질 수 있다." 또한, "정신질환, 치매, 노이로제, 파멸 등에 이른다."라고 명시되어 있다.

백호살이 다소 있다는 것은 자기 몸을 사리지 않고 행동을 하며 배우자나 인간관계에 있어 상대방이 본인의 성향 때문에 피곤함을 느낄 수 있다는 의미를 가진다. 즉 단점이 승화되어 인간관계에 표출될 가능성이 크다는 것을 의미하며, 위의 명시한 내용이 정석이라고는 볼 수 없다는 것을 알려준다. 왜냐하면 백호살의 사주를 가지고도 결혼하여 백년해로하는 경우도 많기 때문이다.

백호살 사주

예시

◆ ◆

◆ ◆

갑 진

◆ ◆

» 갑의 성향을 통한 해석

무엇이든지 잘해야 한다는 강박관념, 몸을 사리지 않는 열정, 굽히지 않는 성향 등으로 인하여 배우자와의 갈등이 있을 수 있다. 또한 친구 간의 갈등조작 및 자기식의 해석과 편협 등을 의미한다.

» 상대방 사주의 조화

예시

◆ ◆

◆ ◆

乙 酉

◆ ◆

일주의 甲辰(갑진)과 乙酉(을유)의 합에 의하여 궁합은 辰酉合金(진유합금)의 도화의 합이 진행되고 있다. 이는 다소 백호살의 사주를 가지고 있는 甲辰(갑진)이 굽히는 것을 잘하지 못하고 자기식대로 사람을 대한다고 하더라도 乙酉(을유)의 기질을 가진 사람은 수용해나갈 능력이 있다는 것을 의미한다.

» 대화를 통한 분석

예시

갑진 사주: 여보, 이 옷 어때?

을유 사주: 좋아, 훌륭해.

갑진 사주: 그럼 이 옷은? 이게 더 낫지 않냐?

을유 사주: 그래, 그것도 괜찮은데.

갑진 사주: 정말 대답에 영혼 없네.

을유 사주: (갑자기 감탄하며 아내 손을 잡고 얘기한다) 오! 아주 엘레강
　　　　스하고 뷰티풀한데!
갑진 사주: (웃으며 다소 민망한 듯 남자 등을 꼬집는다) 뭐야!

　이 대화는 파티에 참석하려고 옷을 고르는 상황이다. 갑은 최상의
옷을 찾고 있지만, 남편이 건성으로 대답해 화가 났다. 갑은 특성상 남
에게 뒤처지는 것을 항상 싫어하며 최고가 되어야 한다는 강박관념을
가지고 있다.
　하지만 특성상 을은 자존심이 강한 이면에 다정다감한 면모가 강하
다. 때문에, 이 상황에서 을이 상대의 마음을 헤아려 상황을 유머러스
하게 받아친 경우라고 할 수 있다. 즉 을유 입장에서는 상대방이 옷을
고르는 지루한 행동을 반어적으로 이용하여 상대방을 기분 좋게 하려
는 면모가 숨어 있다고 볼 수 있다.

② 부부 생리사별의 일진(일간을 통한 단점이 부각)

甲寅(갑인), 乙卯(을묘), 丙午(병오), 戊申(무신), 戊戌(무술)
己丑(기축), 己未(기미), 庚申(경신), 辛酉(신유), 壬子(임자)

　부부 생리사별은 "배우자가 바람을 피우거나 각방을 쓰는 등 불행한
삶이 계속된다. 주말부부를 하는 것도 한 방법이며 궁합을 좋게 하여
결혼한다면 이러한 살을 막을 수 있다."라고 명시되어 있다.

하지만 이것 또한 과장된 표현이다. 본인의 습관이나 성향이 배우자에게 드러나 배우자가 힘들어 하는 것을 의미하는 것이며 궁합이 다소 나쁘더라도 자신의 성향을 먼저 인지해 나가는 것이 무엇보다 필요하다. 또한, 주말 부부가 관계를 좋게 만든다는 것은 통계학적으로 입증되고 있다.

부부 생리사별 사주

예시

◆ ◆

◆ ◆

乙　卯

◆ ◆

» 을의 성향을 통한 해석

'다소 속이 좁음, 예전의 일에 대한 잦은 후회, 죄책감, 감상주의자, 현실주의자'라는 면이 배우자와의 관계에 있어 다소 매끄럽지 않을 수가 있다는 것을 의미한다. 그러다 보면 상대방은 다른 곳에 한눈을 팔 가능성도 있다는 것을 추측적으로 정의하였다고 볼 수 있다.

» 상대방 사주의 조화

예시

◆ ◆

◆ ◆

丙 午

◆ ◆

일주의 乙卯(을묘)와 丙午(병오)는 서로 오묘 破殺(파살)이 성립이 되어 합의점의 일치가 잘되지 않는다는 것을 의미한다. 즉 乙(을)의 특징은 서로 간 나쁜 감정이 생길 시 그것을 떨쳐 버리려는 습관이 약하다 보니 자주 沖(충)이 올 수 있음을 의미하며, 丙(병)은 뒤끝없는 성향은 가지고 있지만, 대화를 나눌 때 너무 직설적인 화법을 사용해서 갈등이 생긴다고 해석할 수 있다. 또한, 둘 다 일주의 육십갑자가 부부 생리사별이 존재한다고 볼 수 있다.

» 대화를 통한 분석

예시

병오 사주: 너 어디서 머리 했어?

을묘 사주: 왜?

병오 사주: 머리 모양이 너무 이상해

을묘 사주: (발끈하며 화를 내며) 뭐야?

병오 사주: ….

위의 대화는 그냥 머리를 좀 더 잘 다듬어서 왔으면 하는 병오의 바람에서 상대방에게 있는 그대로 조언을 해준 것인데, 을묘의 소심함과 옹졸한 마음으로 인하여 관계가 서로 악화된 경우라고 할 수 있다.

» 병오의 행동 성향

사람들이 많은 데서 상대방에게 무안함을 주었다는 평가가 있다. 이는 병의 직설적인 성격이 단점으로 표출되었다고 할 수 있다.

» 을묘의 행동 성향

상대방은 자신이 원래 가지고 있는 선천적인 성격, 성향대로 행동했을 뿐인데 그것에 대한 마음을 간과하지 못하였으며 옹졸한 마음으로 인하여 밖으로 표출된 경우라고 할 수 있다.

» 丙午(병오)가 가져야 할 마음가짐

丙午(병오)는 '丙(병)'의 성향을 토대로 하여 자신의 성향을 알아볼 수 있다. 즉 원래의 본인이 가지고 있는 직설적인 화법이 상대방에게는 상처가 될 수 있으며 나의 언행이나 행위로 인하여 주위 사람들에게 빈축을 살 수 있음을 먼저 인지해야 한다. 즉 친분을 쌓아온 사이에서는 자신이 상대방을 더욱더 잘 안다고 생각하는 경우가 많은데, 이는 을묘 입장에서는 불쾌한 감정을 조정할 뿐이며 본인에게도 별 이득이 되지 않음을 각인해야 한다.

» 乙卯(을묘)가 가져야 할 마음가짐

먼저 자신의 日柱(일주)인 乙卯(을묘)의 성향을 토대로 하여 자신의 단점을 인지해 나갈 필요성이 크다. 즉 무심한 사이거나 다시 볼 사이가 아니라면 상대방이 무슨 말을 하든지 크게 신경 쓰지 않을 수도 있지만, 친분이 두텁다는 이유로 상대방에게 바라는 마음이 크기 때문에 자신의 자존심을 더욱더 내세울 가능성도 크다. 그럴수록 옹졸한 마음으로 상대를 바라보기보다는 상대방 특유의 성격을 인지하여 그럴 수밖에 없었던 상대의 마음을 읽어 나가는 것이 필요하다.

이와 같이 부부 생리사별은 일간을 토대로 하여 나의 단점이 상대방에게 발현되어 갈등이 생길 수 있으며 형, 충, 파, 해가 존재한다면 더욱더 그러한 성향이 상대방에게 전달될 가능성이 크다.

③ 홍염살(일간을 통한 장단점이 같이 부각)

'홍염살'이란 바람기로 정의되고 있으며 다소 구설수가 많다는 의미를 담고 있다. 즉 긍정적으로 보면 나를 다른 사람에게 매력적으로 어필할 수 있다는 장점이 있다. 또한 상대방과 취미, 여가 생활을 같이 공유하기를 좋아한다는 특징을 가지고 있다. 단점으로는 자신의 기질만 어필할 뿐 실속 없다는 평을 들을 수 있으며 구설수로 인해 상대방과의 관계에 있어 어려움을 자초할 수 있다.

甲午(갑오), 丙寅(병인), 戊辰(무진),

庚戌(경술), 辛酉(신유), 壬子(임자)

홍염살 사주

예시

◆ ◆

◆ ◆

丙 寅

◆ ◆

» **병의 성향을 통한 해석**

- 단점: 다소 저돌적, 쓸데없는 간섭, 다혈질적 성향으로 인간관계에 있어 다소 가볍게 보일 수 있음.
- 장점: 뒤끝이 없고 활동적, 다혈질적이면서 터프한 성격을 과시, 봉사와 의리 정신이 강함.

» 상대방 사주의 조화

예시

◆　◆

◆　◆

丁　酉

◆　◆

일주의 丙寅(병인)과 丁酉(정유)는 궁합적인 면에 있어 '寅酉(인유)'의 怨嗔殺(원진살)이 성립된다. 그러므로 정유의 입장에서는 다소 병인의 장점보다는 단점이 눈에 들어와 스트레스를 자주 받는다고 할 수 있다.

» 대화를 통한 분석

재혼을 한 부부는 각자의 자식 편애로 인하여 고통을 호소하고 있다.

예시

정유 사주: 당신 아이가 내 중요한 서류를 낙서를 왕창 해 놨어.

병인 사주: (화를 내며) 아이니까 그럴 수 있지! 왜 애한테 뭐라고 그래.

정유 사주: (화를 내며) 자기 아이만 중요하고 내 서류는 눈에 안 보여?

병인 사주: 그렇다고 애 우는 데 자기편만 우선적으로 들 수는 없잖아.

정유 사주: 됐다, 됐어. (소리치며 밖으로 나간다)

» 병인의 행동 성향

여기서 丙寅(병인)은 '丙(병)'의 고유 성격으로 인한 단점이 드러나 상대방과 화합을 하지 못하였다. 즉 서류 때문에 화가 났다는 상대방의 고충을 헤아려 줄 수 있지만, 자식의 마음을 먼저 앞세워 저돌적으로 배우자 마음을 상하게 하였다고 할 수 있다.

» 정유의 행동 성향

침착하게 얘기를 하면서 타협점을 찾을 수 있지만 寅酉(인유)의 怨嗔殺(원진살) 작용으로 그러한 행동을 하지 못하였음.

» 서로가 가져야 할 마음가짐

서로 간의 원진살이 존재하여 맞지 않는다고 비관하는 것은 단순한 운명론을 내세우는 것밖에는 되지 않는다. 즉 상대에 대한 기대 심리를 버리고 대화를 통하여 협력하려는 자세가 서로에게 유리할 수 있다. 즉 紅艷殺(홍염살)을 가지고 있는 병인이 본인의 단점을 인지하고 장점으로 승화시켜 정유에게 사과를 한 상태이며, 서로가 공감할 수 있는 취미 생활을 같이 공유하고 있다고 한다.

④ 원진살(일간을 통한 단점이 부각)

신살 론 중에서 육십갑자가 아닌 형, 충, 파, 해와 비슷하게 지지로만 형성되어 있다. 원진살은 "마음속 깊이 원망하고 미워하는 마음이 가득하여 정신질환, 노이로제를 야기시킨다."라고 명시되어 있다. 다소 격한 표현이지만 마음을 차분하게 하고 일간의 장단점을 구분하여 자신을 돌아본다면 정신질환이나 노이로제까지는 가지 않는다.

子未(자미), 丑午(축오), 寅酉(인유)
卯申(묘신), 辰亥(진해), 巳戌(사술)

원진살 사주

예시

◆ ◆

◆ 해

갑 진

◆ ◆

» **갑의 성향을 통한 해석**

甲辰(갑진)의 白虎殺(백호살) 작용으로 인하여 굽힐 줄 모르고 자기 자신의 주장만 가지고 상대방을 폄하 하는 버릇이 있다. 그러한 성향으로 인하여 辰亥(진해)의 원진살이 표출된다.

예시

◆ ◆

◆ ◆

무 자

◆ ◆

甲辰(갑진)과 戊子(무자) 사이에는 子辰(자진)이라는 三合(삼합) 중의 半合(반합)이 성립된다. 즉 상대방의 단점을 적절하게 제압할 수 있는 능력이 戊子(무자) 사주에게 있다고 할 수 있다.

» 대화를 통한 분석

예시

갑진 사주: 저 물건 좀 가져다줘.

무자 사주: 뭐야, 자기가 갔다 올 수도 있잖아! 피곤한데 왜 이래!

갑진 사주: 좀 해주면 안 돼?

무자 사주: (볼을 꼬집으며) 으이구! 맨날 갑질이야.

갑진 사주: (남편 볼도 같이 꼬집으며) 뭐야!

무자 사주: 알았다, 알았어. 이번에 심부름해 주면 자긴 나한테 뭐 해 줄래? (빈둥거리며) 라면 좀 맛있게 끓여 주라.

갑진 사주: (볼을 꼬집으며) 칫, 자기 의도가 그거였지?

둘의 대화는 싸우는 것 같지만, 서로를 친근하게 만들어 주기 위한 애정 싸움이라고 볼 수 있다. 즉 甲辰(갑진)의 성향을 가진 아내는 갑의 스타일을 통한 백호살의 작용으로 남을 배려하지 않고 상대방을 자기 방식대로 군림하려는 버릇이 있다고 할 수 있다.

여자에겐 그러한 성향이 몸에 배어 있지만, 戊子(무자)의 성향을 가진 남편은 戊(무)의 기질, 즉 자기 자신을 통솔하고 다른 사람을 포용할 수 있는 성향이 있기에 다소 명령조로 하는 아내를 유머러스하게 받아 준다고 할 수 있다. 또한, 반어적인 언어이긴 하지만 심부름을 해주는 대신 라면을 끓어 달라는 조건을 내세워서 다른 사람의 말에 휘둘리지 않고 상황에 따라 유머러스하게 아내의 말을 받아줌으로써 상대방과의 관계를 매끄럽게 이어나가고 있다.

이는 자진 半合(반합)의 궁합적인 성향과 戊(무)의 기질상 아내를 배려해주며 적절하게 통솔해 나가는 면모가 강함을 알 수가 있다.

怨嗔殺(원진살)을 통해 알 수 있는 것

위의 甲辰(갑진) 사주에 월, 일지의 辰亥(진해)로 인하여 원진살이 형성되어 있다. 즉 '甲(갑)'의 성향과 백호살의 작용으로 인하여 본인 스스로 남을 원망하고 미워하는 마음이 곁들어져 있는 사주라는 것을 알 수 있다. 본인이 자각하지 않아도 항상 자신의 주장을 앞세운다. 만약 상대방이 들어 주지 않는다면 원망하는 성향과 습성이 몸에 배어 있다고 할 수 있다.

본인의 습성을 인지한다면 고쳐 나갈 수 있으며 이것은 후천적인 노력이 필요하다고 볼 수 있다. 그렇지 않고 상대방이 이러한 성향의 사람(甲辰의 성향)을 대할 때는 자존성이 무엇보다도 중요하다고 할 수 있다. 여기서 자존성이란 상대방의 성향을 인정해 주되 상대방도 기분 나쁘지 않고 나도 마음의 상처를 받지 않는다는 마인드를 가지고 행동하는 것이다. 즉 반어적인 표현을 쓴다든지 다소 뻔뻔스러운 행동, 또는 유머러스한 어투나 말로 분위기를 부드럽게 만들어 나갈 수 있는 것이다.

⑤ 괴강살(일간을 통한 장단점이 같이 부각)

魁剛殺(괴강살)은 구식 명리학에서 "남자는 대귀대부를 이루지만 여자는 고집이 세 남편과 화합을 이루지 못하며 남편이 괴질 병, 사고 등을 당한다. 또한 남녀 모두 통솔력이 뛰어나고 총명하다."라고 해석해 놓았다. 이것은 괴강살 자체의 기가 강하고 대범하며 웬만해서는 상처를 잘 받지 않으며 모든 일을 추진하는 데 강력한 힘을 발휘한다는 성향적인 관념에서 따온 말이다. 여자 입장에서는 남편이 괴질 병, 사고를 당한다는 말이 근거가 없는 말이라고 할 수 있다. 단 통솔력이 강하여 자신의 의견이나 신념이 있다면 굽히지 않으려는 성향과 관련해서는 남녀모두 해당된다고 볼 수 있다.

丙戌(병술), 戊辰(무진), 戊戌(무술), 庚辰(경진),
庚戌(경술), 壬辰(임진), 壬戌(임술)

괴강살 사주

◆ ◆

◆ ◆

경 진

◆ ◆

» 경의 성향을 통한 장단점 해석

庚(경)은 기가 세고 다혈질적인 면이 강하여 모든 일을 급하게 서둘러 처리하려는 습성이 강하다. 이러한 성향은 단점 중 하나라고 볼 수 있으며, 끊고 맺음이 확실하여 뒤끝이 없고 어떠한 일이 주어졌을 때 성실하게 일을 수행하는 성향이 강하다고 할 수 있다.

이것인 장점이 되어 괴강살의 의미를 해석하면 어떠한 일이 주어지더라도 완벽하게 처리, 수행해 나가는 면모가 강하여 남녀 모두 대귀대부 성향의 조짐이 보인다는 의미로서 통솔력과 총명함의 기질도 보인다고 할 수 있다.

» 상대방의 사주 1

예시

◆ ◆

◆ ◆

을 유

◆ ◆

» 상대방과의 궁합적 해석

庚辰(경진)과 乙酉(을유)에서는 辰酉 合 金(진유 합 금)이 성립이 된다. 즉 경진의 확실하고 터프한 면모가 을유 입장에서는 매력적으로 비친다고 해석할 수 있으며 경진 역시 을유에서 '乙(을)'이 가진 감성적인 면과 다정다감한 면이 매력적으로 비친다고 해석할 수 있다.

» 상대방의 사주 2

예시

◆ ◆

◆ ◆

경 진

◆ ◆

» 상대방과의 궁합적 해석

庚辰(경진)과 庚辰(경진)은 서로 '辰辰(진진)'이라는 自刑殺(자형살)이 성립이 된다. 즉 서로의 성격이 감당이 안 되고 급한 성질에 의하여 다혈질적으로 상대방을 대하게 된다고 해석할 수 있다.

» 대화를 통한 분석

예시

경진 사주(남): (단호하게) 너 그 친구 만나지 마.

경진 사주(여): (화를 내며) 왜 내 친구를 자기가 만나지 말라고 해?

경진 사주(남): 그 친구는 당신에게 아무 도움이 안 돼!

경진 사주(여): 친구 관계를 무조건 도움 안 된다고 끊어?

경진 사주(남): 그래도 다시는 만나지 말았으면 좋겠어.

» 서로가 가져야 할 마음가짐

경진 사주를 가진 남과 여 모두 괴강살의 특징이 발현되어 다른 사람을 통솔하려는 성향이 강하다고 볼 수 있다. 남자는 여자를 통솔하려는 면에 있어 自刑殺(자형살)의 단점으로 발현되었으며, 여자 또한 친구 간의 의리와 통솔력을 앞세워 남자와 갈등을 야기시키고 있다고 봐야 한다.

즉 서로 庚(경)의 성향이 발현되어 의리를 앞세워 나가지만, 좀처럼 자신의 의견을 굽히지 않는 것이 문제라고 할 수 있다. 이런 경우에는 조용한 커피숍, 사람들이 많은 곳, 성당이나 교회에서 차분히 자신의 의견을 논리적으로 표현해 나가는 것이 극복 방법이다. 실제로 조용한 곳에서 서로의 마음을 진실하게 터놓고 의논하여 회복된 상황이라고 한다.

요약하자면 괴강살을 가지고 있는 사람들은 자신의 업무에서는 강한 과단성과 통솔력을 보여 나간다고 할 수 있으며 이러한 면들이 인간관계에서는 집착성으로 발현되는 면이 있다고 할 수 있다. 즉 장점이 있지만 그 이면에는 약간의 단점도 내포하고 있으므로 자신의 의견도 중요한 만큼 상대방 역시 존중되어야 한다는 것을 각인할 필요가 있다.

2-2. 신살 론을 통한 광의적인 해석
(형, 충, 파, 해와 원진 포함)

신살 론의 광의적 해석은 협의적 해석의 단순한 부부 문제, 연인 관계의 월, 일지의 형, 충, 파, 해를 분석해 나가는 것과는 달리 사회 전반적인 나의 모습을 진단하고 반성해 나가며 상대방을 이해함으로써 인간관계를 매끄럽게 해나가는 데 목적이 있다고 할 수 있다.

주로 내면의 마음을 분석하여 상대방과의 관계를 진단해 나가는 것을 의미하며 신살 론에서 기본 토대를 의미하는 일간의 구체적인 성향을 분석하는 것이 일차적인 관점이라고 할 수 있다. 즉 일간을 통한 백호살이나 부부 생리사별은 일간의 단점을 부각시켜 설명해 나가고 있으며 월, 일지를 분석하여 형, 충, 파, 해, 원진이 존재하는 것 또한 같은 맥락이라고 이해하면 된다. 또한, 괴강살이나 홍염살은 일간의 장단점을 같이 분석하여 설명함으로써 특유의 장점은 살려 나가고 단점이 보인다면 본인 스스로의 습관을 돌아보는 데 의미가 있다고 할 수 있다. 즉 신살 론을 통한 광의적인 해석법은 누구든지 장점이 있으면 단점이 있다는 것을 말해준다고 할 수 있으며 신살 론이 일주에 존재하지 않더라도 일간의 성향만을 토대로 하여 나의 장단점 또한 분석해 나갈 수 있다.

그럼 신살 론의 의미를 부여하기 전에 일간의 구체적인 성향을 분석해 보고 신살 론과 형, 충, 파, 해, 원진의 분석은 부차적으로 분석해 나가 보자.

일간의 성격 분석

» 甲(갑)

- 장점: 마음이 여리고 상대의 마음을 어루만져 주는 관용이 있다고 할 수 있다. 리더십이 강하여 상대를 통솔할 수 있는 여유가 있으며, 부지런해서 끊임없이 어떠한 일을 수행해 나간다고 볼 수 있다.
- 단점: 강박관념이 강해 무엇이든지 잘해야 한다는 생각에 사로잡혀 있어 일을 그르치는 우를 범할 수 있다. 또한, 신경이 예민하여 자기 뜻대로 되지 않는다면 주위 사람들에게 자존심을 내세워 인간관계를 어렵게 만들 수 있다.

» 乙(을)

- 장점: 현실적인 면을 잘 따져 주위 사람들과 융화를 이루는 성향을 가지고 있으며 다정다감하고 감성적인 면을 통해 자신의 내면을 잘 표현해 나간다고 볼 수 있다.
- 단점: 다른 사람의 의견에 영향을 잘 받아 이것이 자존심으로 직결되어 마음속 깊이 옹졸한 마음을 품을 수 있다. 즉 있는 그대로의 본질을 보지 못하여 생기는 원인일 수 있으며 왜곡된 가치관을 형성할 가능성도 있다.

» 丙(병)

- 장점: 의리파이며 뒤끝이 없고 마음이 여려 상대의 어려움을 잘 헤아려 주는 성향이 강하다. 즉 봉사 정신이 강하여 인간관계에 있어 열정적이고 친화력이 강한 성품의 소유자라고 할 수 있다
- 단점: 자기주장이 강하여 이분법적인 사고에 빠져 있을 수 있다. 즉 타협하여 어떠한 일을 해결하기보다는 자신의 명분을 내세워 옳다고 주장할 가능성이 크며 이러한 성향은 주위 사람들에게 빈축의 대상이 될 가능성이 높다.

» 丁(정)

- 장점: 인정이 많아 다른 사람의 고충을 잘 헤아려 주며 아량을 잘 베푸는 심성을 가졌다. 즉 따뜻하고 온화한 성품을 가진 성격의 소유자라고 할 수 있다.

- 단점: 우유부단하면서 고집이 강한 이면이 있다. 즉 주체성이 결여되어 상대의 말이나 행동에 쉽게 흥분하고 좌절하는 성향을 가졌다고 할 수 있다. 이것이 옹졸한 마음을 가지게 되는 원인으로서 자신의 상처에 대한 보상심리가 강하게 드러날 수 있다.

» 戊(무)

- 장점: 듬직한 믿음이 있어 주위 사람들에게 신용을 얻는 스타일이라고 할 수 있다. 뭐를 하든지 적극적이고 활발해 주위 사람들과 융화를 잘 이룬다. 자신의 업무나 일에 있어서 꾸준히 목표를 정하고 실행해 나간다고 할 수 있다.
- 단점: 다소 고지식하고 융통성이 없어 주위 사람들과의 타협 없이 본인 스스로 모든 일을 이끌려는 성향도 가지고 있다. 그런 원인으로 인하여 결과적으로 우울증이나 신경계통의 예민함을 자극할 수 있다.

» 己(기)

- 장점: 무엇이든지 꼼꼼하게 분석하려는 성향이 강하여 주위 사람들에게 섬세하다는 말을 들을 가능성이 크다. 자상하기까지 해서 온화함이 상대방에게 전해지며 친절한 성품을 가진 성격의 소유자라고 할 수 있다.
- 단점: 자신의 속마음을 잘 표현하지 않고 참는 성향이 강하여 위장계통이나 신경계통이 약할 수 있다. 또한, 소심하고 상처를 잘 받아 마음속의 고정관념을 키워 나갈 가능성이 있다.

» 庚(경)

- 장점: 일을 수행하는 데 결단력과 추진력이 좋으며 자긍심이 강하다. 뒤끝이 없으며 상대방과의 관계에서 통솔력이 뛰어나 주위에 따르는 사람들이 많다.
- 단점: 독선적으로 상대를 제압하려는 성향이 강하며 의리를 앞세워 주위 사람들과 격렬한 싸움을 이어나갈 수 있다. 즉 의리를 앞세워 나가는 이면에 또 다른 손해가 클 수 있음을 의미한다.

» 辛(신)

- 장점: 외모가 깔끔하고 아름다우며 섬세함을 가진 사람들이 많다. 앞장서서 어떠한 일을 추진하기보다는 자신의 장기를 은연중 어필하려는 성향도 가지고 있다.
- 단점: 아첨과 칭찬을 잘 구별하지 못하여 자칫 함정에 빠질 수 있으며 자신의 고집대로 일들을 추진하려는 성향을 가지고 있다. 또한, 옹졸하여 상대방의 잘못을 곱씹는 성향도 가지고 있다.

» 壬(임)

- 장점: 머리 회전이 빠르고 대범하여 일을 수행하는 능력에 리더십을 발휘한다. 친화력이 좋고 포용력이 좋아 호감의 대상이 된다.
- 단점: 감정 기복이 심하여 자신의 순간적인 생각에 따라 엉뚱하게 상대방의 자존심을 건드리는 성향이 있다. 참을성이 약하고 변덕이 심하여 자주 후회를 하는 성향이 있다.

» 癸(계)

- 장점: 섬세하고 조용하지만, 내면에는 합리적인 성향이 있어 외유
  내강형을 갖춘 성격의 소유자라고 할 수 있다. 감성이 풍부하며 재
  주가 많고 다정다감하다.
- 단점: 신경이 예민하여 까칠한 인상을 줄 가능성이 크다. 자기 뜻대
  로 일이 풀리지 않을 때는 자주 눈물을 보인다. 알뜰한 성향을 갖
  추고 있어 구두쇠 기질이 은연중에 나올 가능성이 크다.

이와 같이 일간을 통하여 본인의 고유 성격을 감지할 수 있다. 이것
을 토대로 이차적으로 신살 론을 접목시켜 구체적인 나의 성향을 파악
하고 알아나갈 수 있다. 만약 신살 론이 존재하지 않더라도 일간의 성
향을 통한 자신의 양면성을 보고 각인해 나갈 수 있다.

그럼 일간이 甲(갑)의 성향만 있고 다른 신살 론이나 형, 충, 파, 해가
존재하지 않을 때의 예시를 먼저 들어 보도록 하자.

① 甲(갑)의 성향만 있는 경우

예시

◆ ◆

◆ ◆

甲 ◆

◆ ◆

　　　사주, 궁합을 말하다

甲(갑)의 성향이면서 아무런 신살 론이나 형, 충, 파, 해, 원진이 존재하지 않는다면 위 일간의 장단점을 토대로 하여 나의 장단점을 구분 지어 자신의 성향을 파악해 나갈 수 있다.

갑은 최고가 되고 싶다는 욕망이 강해 성실하게 일을 수행하는 데는 큰 장점으로 작용하겠지만, 그것이 오히려 강박관념으로 치우쳐 상대를 힘들게 할 수 있으며 자신의 성공 집착이나 승부 근성으로 인하여 나를 상하게 하고 상대방에게도 상처를 줄 수 있다는 것을 인지해 나갈 필요가 있다.

즉 자신의 성향을 인지하고 자각한 것만으로도 큰 의미가 있다고 할 수 있다. 그럼 갑의 성향을 토대로 하여 이차적으로 신살 론이 존재한다면 어떠한 마인드를 추구해 나가야 하는지를 분석해 보도록 하자.

② 신살 론이 작용하는 경우

예시

◆ ◆

◆ ◆

甲 午

◆ ◆

일주의 육십갑자가 甲午(갑오)로 형성되어 있다면 홍염살이 존재하는 사주라고 할 수 있다.

즉 홍염살은 장단점이 공유되는 성격을 가지고 있어 갑의 성향을 토대로 하여 의미를 부여해 나갈 수 있다. 즉 갑의 도약 정신과 승부근성은 장점을 부각시킨 부분에서는 상대의 마음을 어필해 나갈 가능성이 크다는 것을 의미한다.

이것은 갑오 자신의 잠재역량을 살려 나가는 데 의미부여를 하면 성공을 경험할 수 있다는 것이며, 자신이 하는 일이나 하고자 하는 무언가가 있다면 장점을 살려 꾸준히 연마하려는 자세가 필요하다고 할 수 있다.

하지만 홍염살의 단점을 토대로 하여 갑의 성향을 비추어 봤을 때는 자신의 감정만 중요하게 여기고 상대의 의견을 무시하여 구설수가 있을 수 있음을 의미하며 자신의 주장을 앞세워 진실을 덮으려는 심리 또한 작용될 수 있음을 인지할 필요가 있다.

그럼 한 단계 더 나아가 월, 일지의 형, 충, 파, 해, 원진이 들어 있을 때를 분석해 보도록 하자.

③ 형, 충, 파, 해, 원진이 작용하는 경우

예시

◆ ◆

◆ 丑

甲 午

◆ ◆

地支(지지)로만 형성되어 있는 형, 충, 파, 해 또는 원진을 토대로 그 다음 단계로 자신의 성향을 관망해 나갈 수 있다. 즉 월, 일지의 丑午(축오)는 원진살을 의미하며 갑의 성향과 갑오의 홍염살 작용으로 인해 본인 스스로 어떠한 일을 자초하여 마음속 깊은 곳에 원망하는 마음이 곁들어 있다는 의미를 담고 있다.

즉 갑의 성향을 통하여 나의 장단점을 가려낼 수 있으며 육십갑자 신살 론의 의미부여를 통하여 나의 단점을 가려낼 수 있다. 그다음 단계로 월, 일지의 형, 충, 파, 해, 원진의 작용을 분석하여 자신이 속해 있는 총체적인 카르마의 단점이 표출된 상태를 확인해 나갈 수 있다.

갑의 지나친 성공집착과 자존심이 홍염살 기질을 토대로 하여 구설수로 번져 나갔으며 이 원인이 발판이 되어 결과적으로 상대를 원망하고 미워하는 습성이 나타나게 되었다고 해석할 수 있다.

이와 같이 나의 사주를 통한 광의적 사고는 일간을 통하여 나의 보편적인 성격을 파악하고 이차적으로 신살 론의 여부를 파악하여 일간의 성향의 장단점이 어떻게 부각되었는지를 확인해 나갈 수 있다. 그다음 월, 일지나 연, 월지의 형, 충, 파, 해, 원진을 통해 나의 현 상황을 하나의 불만으로 표출하기보다는 도약으로 삼아야 한다.

즉 나의 문제점이 뭔지를 파악함과 동시에 어떤 문제나 어려움은 외부로부터 오는 것이 아닌 나의 내부적 마음에서 온다는 것을 깨달아야 한다. 결과적으로 나의 카르마(Karma)였다는 것을 인지하려는 자세가 필요하다.

카르마(Karma)는 유전적으로 타고난 성향이나 습관 등이 자연스럽게 인생을 살아가면서 하나의 관념으로 굳어져 버리는 것을 의미한다. 예를 들어 자신이 옹졸하고 남의 말을 잘 곱씹는 성향의 소유자라고 한다면 나이가 들어서도 은연중에 본인의 습성이 드러나게 된다는 의미를 담고 있다.

2-3. 신살 론을 통한 실질적인 응용관계

일간의 육십갑자만 가지고도 위의 신살 론을 통해 응용이 가능하다. 이것은 사람의 심리와 성향을 완전히 분석해 나갈 수 있음을 의미하며, 육십갑자의 겹치는 부분은 언제든지 응용할 수 있다는 것이다.

예를 들어 무진이 일주에 있는 경우에는 홍염살과 괴강살, 백호살이 겹치게 된다. 이것을 최종적으로 분석하여 그 사람의 이미지를 가늠할 수 있다는 것이다. 사주의 예시를 통하여 분석해 보자.

① 겹치는 살들을 중심으로 이미지 리딩

무진의 예시: 무진(홍염살, 백호살, 괴강살)

장점: 남을 도와주고 봉사하는 정신이 강하다. 남의 고충을 잘 들어줌으로써 통솔력과 총명한 지혜도 가진다(괴강살의 작용). 남을 잘 리

드하고 이끌어 줌으로써 주위의 친구, 동료 등의 귀인이 많다(홍염살의 작용).

단점: 나 혼자 모든 일을 해결하려는 습성(戊의 특징), 외로움을 많이 타고 즐기는 스타일(홍염살의 작용), 뭔가 모르는 은연중에 우울함과 어두운 면이 보일 수 있다(백호살의 작용).

문제

(1) 무술(괴강살, 부부 생리사별)
• 장점:
• 단점:

(2) 경술(괴강살, 홍염살)
• 장점:
• 단점:

(3) 신유(부부 생리사별, 홍염살)
• 장점:
• 단점:

(4) 임자(부부 생리사별, 홍염살)
• 장점:
• 단점:

(5) 임술(괴강살, 백호살)

- 장점:
- 단점:

답안

(1)
- 장점: 무진과 동일(괴강살의 작용)
- 단점: 무의 특유 고집(고지식하며 틀에 박혀있음, 주장)으로 인하여 각방을 쓰거나 불화가 자주 있을 수 있음(부부 생리사별의 작용). 강한 면모만 부각하여 상대를 대함으로써 정작 자신을 돌보는 시간이 약할 수 있음(부부 생리사별의 작용).

(2)
- 장점: 의리파, 리더십과 통솔력, 사람을 이끌어 나가는 재주, 경의 특징인 뒤끝 없고 화끈한 스타일로 인해 인기가 매우 많고 터프함(괴강살과 홍염살의 작용).
- 단점: 인기가 많고 통솔력이 많아 질투를 느끼는 세력이 많을 수 있음(홍염살의 작용). 너무 강하거나 다혈질적인 면모로 인해 구설수, 남의 이목에 의해 관제가 따를 수 있음(홍염살의 작용).

(3)

- 장점: 칭찬이나 의로움을 받으면 잊지 않고 보답을 잘함(신의 특징). 남의 이목에 집중되는 것을 좋아하여 자기 자신을 꾸미고 가꾸는 능력이 있음(홍염살의 작용). 자기의 외모와 본인의 장기를 잘 살려 주위로부터 인기가 많음(홍염살의 작용).
- 단점: 뒤끝이 강하고 옹졸하여 본인 기분을 상하게 하는 사람이 있다면 잊지 않고 응징하려는 성향이 강함. 그리하여 부부간에 다툼이 많이 생길 수 있음(부부 생리사별의 작용).

(4)

- 장점: 사교적이고 활발하며 남을 이끌어 나가는 스타일(홍염살의 작용). 외향적이고 자존감이 강하다고 할 수 있음(홍염살의 작용).
- 단점: 말을 함부로 하거나 기분을 잘 타기 때문에 다른 사람으로부터 오해를 받을 수 있음(홍염살의 작용). 그 결과 부부간의 말다툼이 잦을 수 있음(부부 생리사별의 작용).

(5)

- 장점: 상냥하고 인간을 잘 다스리는 외향적인 성향이 강함(괴강살의 작용). 통솔력과 총명함이 묻어나며 재치 있고 남의 의견을 잘 들어 줌(괴강살의 작용).
- 단점: 고집이 세고 기분에 따라 사람을 대하는 성향이 있어 상대방에게 오해를 받을 수 있음(괴강살과 백호살의 작용).

2-4. 부부궁합은 각자의 입장 예측을 통하여 분석 가능하다

부부궁합은 각자의 성향, 입장을 통해 분석할 수 있다. 밑에 4가지 수를 예를 들어 설명할 수 있다. 음성은 소심하고 내성적인 성향을 의미하며 양성은 적극적이고 어려움을 기회로 삼으려는 외향적인 성향의 소유자라고 보면 된다.

- 4가지의 경우의 수
- 여성: 음성적인 사주의 성향
- 남성: 양성적인 사주의 성향
- 여성: 양성적인 사주의 성향
- 남성: 음성적인 사주의 성향

여성이 남성을 만난다면 두 가지의 경우의 수에 걸리게 되고 남성이 여성을 만날 확률도 두 가지의 경우의 수로 제시가 된다. 즉 각자 두 가지의 경우를 생각해 나갈 수 있다.

예시 음성적인 사주 성향의 여성과 양성적인 사주 성향의 남성이 만났을 경우

여성: (시어머님과 통화 후) 어머님 너무 하신 거 아니야?

남자: 뭔데 그래?

여성: 내가 이렇게 힘들게 임신하려고 노력 중인데 응원은 못 해줄망정 '꼭 아들이어야 할 텐데' 이런 말이나 하시냐고.

남자: 엄마 원래 그래. 한 번씩 생각 없이 말할 때가 있어. 그냥 자기가 이해해.

여성: (막 화를 내며) 아니, 아무리 그래도 그렇지. 내가 딸 놓으면 어떻게 대하시려고 이렇게 하시는지 몰라.

남성: 왜 우리 엄마 자꾸 욕을 하고 그래! 엄마 그런 사람 아니야. 그냥 하는 말인데 왜 이렇게 예민하게 받아들여?(화를 내며 혼자 밖으로 나간다)

여성: (상처받아 혼자 운다)

» 여성의 의도

이 상황에서 여성은 그냥 시어머니의 행동에 대해 마음이 예민해져 있는 것이다. 또한, 아들을 낳지 못했을 경우에 있을 시어머니의 타박이 두려워, 남편이라도 내 편을 들어주었으면 하는 마음으로 얘기한 것이다.

» 남성의 의도

그러나 남성의 입장에서는 자신의 어머니를 안 좋게 보는 아내의 행동이 마음에 들지 않았던 것이다. 때문에, 어머니에 대한 의리를 강조하여 아내의 입장을 무시했다고 볼 수 있다.

여기서 남자의 사주 명식을 분석해 본 결과 부부 생리사별을 의미하는 '庚申(경신)'이 일주에 자리 잡고 있었다. 이 사주를 통하여 알 수 있는 것은 '庚(경)'의 특징인 의리가 강하고 다혈질적이며 급한 성질의 단점이 부부 생리사별이라는 하나의 신살 론으로 강하게 표출되었다고 볼 수 있다.

이런 경우 엄마에 대한 의리를 생각하여 아내에게 화를 내는 것보다는 좀 더 냉철하게 생각하여 아내를 이해해주고 다독거려 줄 수 있는 마음가짐이 중요하다. 아내 역시 남편의 성격을 관찰하고 대처해 나가려는 생활습관이 필요하며, 일어나지 않은 것에 대한 조급함, 불안감, 예민함을 극복하려는 태도가 필요하다. 또한, 자존감을 통하여 "나는 나다 누구도 나를 상처 줄 수 없다."라는 자신만의 소신이 필요하다.

예시 음성적인 사주 성향의 여성과 음성적인 사주 성향의 남성이 만났을 경우

여성: 요즘 손님들 많아? 생활비가 전보다 못한 것 같아.

남성: (한숨 쉬며) 아, 모르겠어. (머리를 쥐어짜며) 요즘 왜 이렇게 손님이 뜸한지.

여성: (불만스러운 표정으로) 남들은 돈만 잘 벌어다 준다는데 자기는 뭐야!

남성: (울먹이며) 그럼 나보고 어떡하라고! 나도 몰라.

여성: 왜 화를 내? 내가 뭐라고 했다고!

남성: 내가 언제? 나도 예민해 져서 그래. 안 그래도 손님이 많이 줄어서 미치겠는데, 자기까지 그러기야?

위의 대화는 서로 간의 감정적인 대화로 인하여 일어날 수 있는 대화 내용이다. 여성은 소심하고 걱정이 많아 힘들어하는 반면 남성은 어떠한 일이 주어졌을 때 양성적인 면보다는 음성적인 성향이 표출되어 감

정이 격화되었다고 볼 수 있다.

즉 장사가 잘되지 않는다면 아이템의 개발이나 적극적인 홍보를 통하여 아내를 안심시키는 등의 진취적이고 남성적인 성향을 통해 리드해 나갈 수도 있지만, 이 남성 역시 소심하고 예민한 성격인 탓에 서로 갈등이 고조 되었다고 할 수 있다.

위의 궁합은 일주 중심으로 하여 여자 사주 '甲午'와 남자 사주 '乙卯'가 만나 '午卯'의 일지 破(파)를 이루고 있으며 생활 속에서 대화를 나누고 해결이 나지 않아 상담소를 찾아온 케이스라고 할 수 있다.

» 남자乙卯는 어떠한 사고를 가져야 할까?

장사가 되지 않는 상황에서 자신이 가지고 있는 근본적인 조건을 파악하려 하지 않는 것에서 그의 습성을 분석할 수 있다. 을묘의 성향은 부부 생리사별의 일진 중 하나로 본인의 성향을 감정적으로 표출하여 사물을 객관적으로 보는 안목이 약하다는 특징이 있다.

이 남성은 본인의 성향을 인지하는 것이 가장 중요하다. 인지는 지혜의 시작인 동시에 변혁과 신생의 시작이 된다고 볼 수 있다. 자신을 이해하기 위해서는 무조건적인 환경의 수용보다는 자신의 부족한 면을 먼저 생각하고 개혁하려는 면모가 필요하다. 즉 자기 마음의 조종을 자신이 주체가 되어 움직여 나가는 것에서 출발한다고 볼 수 있다.

자신을 인지하기 위해서는 본인의 신념이나 이상을 색안경 끼고 부정적으로 보기보다는 을의 특징인 옹졸하고 예민한 성향을 먼저 인정해야 한다. 현시점에서 잘 풀리지 않는다면 능률을 과대하게 잡거나 데이터를 만들어 행하는 것보다는 대충 숫자를 어림잡아 순간적인 현실에 집중해야 할 필요성이 크다.

이러한 마인드가 심리적 이완 작용으로 가며 장기적으로 나의 일을 집중하는 데 도움이 된다. 위의 을묘를 가진 사람이 장기적인 목표를 두고 느긋하게 사업을 꾸준히 해 나간 결과 마음의 치유를 하였으며 사업도 조금씩 좋아졌다고 한다.

» 여자는 어떠한 사고를 가져야 할까?

갑오는 갑의 성향상 항상 자신이 최고가 되어야 하며 자신이 가진 것보다 비교 대상이 더 잘나갈 때 자괴감을 느낀다. 그 때문에 본인과 남편이 더 잘해야 한다는 불만족을 느끼고 항상 사물을 못마땅하게 관망하였다고 할 수 있다.

여기서 갑오는 홍염살의 신살 론 중 하나로 항상 남에게 잘 비춰지고 우쭐대야 한다는 면모도 보인다고 볼 수 있다. 현실에 만족하지 않고 상대방이 더 잘해 주기를 갈망하는 성향이 강하다고 볼 수 있는데, 가진 것에 대한 기쁨을 당연한 것으로 생각하고 요구조건을 더 강하게 잡아 버리는 성향으로 분석할 수 있다. 불안정한 자신이 존재한다는 것을 인지할 필요성이 크다.

즉 일간의 음양표출로 인한 신살 론의 분석과 지금 현시점을 돌아보며 자아의 성향을 정확하게 파악하려는 행동이 중요하다. 극적인 상황을 점검하여 仁(인)으로서 상대를 포용하는 것이 중요하다고 할 수 있다.

여기서 仁(인)이란 것은 상대방의 있는 그대로를 정확하게 이해하는 데서 생기지만, 본인의 마음속 깊이 잠재되어 있는 깊은 연민의 정과 상대방을 측은하게 볼 수 있는 마음가짐에서 생성된다고 할 수 있다. 즉 피그말리온의 효과(pygmalion effect)를 이용하여 상대방에 대한 기대치를 조금씩 잡아 나가며 칭찬과 격려를 해주는 마음가짐을 의미한다고 볼 수 있다.

2-5. 하원갑자시대의 궁합적인 사고능력

- 상원갑자시대(1864년—1924년): 남성 상위시대
- 중원갑자시대(1924년—1984년): 남녀 평등시대
- 하원갑자시대(1984년—2043년): 여성 상위시대

음양설에서는 시대 변화의 큰 단위를 세 묶음으로 하여 육십갑자가 돌아가는 가운데 한 시대가 차차 쇠약해지는 단계를 따서 상원갑자, 중원갑자, 하원갑자로 분류하였다.

중원갑자는 남녀 평등시대였다고는 하지만 조선의 유교사상이 뿌리 박혀 있던 것으로 봐서는 남성 상위적인 면도 강했다고 할 수 있다. 하지만 차츰 남녀평등을 외쳐나가는 시점이기에 중원갑자 시대라고 할 수 있다.

그다음으로 1984년부터 하원갑자시대가 시작되었다. 이 시기부터

여자도 차츰 사회활동이 늘어나고 맞벌이 집안이 많이 생기기 시작했으며 여성의 상위시대가 도래했다고 볼 수 있다. 정치인이나 관료 중에서도 여성 지도자가 많아졌으며 자신의 권리를 주장하여 남성들을 제압할 수 있는 상황이 많이 생겨나기 시작했다.

가정만 보더라도 아내가 가장이 되어 살림과 사회생활을 도맡아 하거나 남성이 살림하는 풍경도 드라마에서 나오고 있고 실제로도 그러한 일들이 생겨나기 시작하였다. 또한, 여성의 인권과 권리를 지켜주는 제도가 많아지고 있어 '남자가 여자에게 대들면 간 큰 남자'라는 유행어도 90년대 이후부터 생겨나기 시작한 것이다.

이러한 상황에 발맞추어 여성은 양성적인 부분을 더 중요시하게 되고 남자는 여성의 양성적인 면에 눌려 음성적인 면이 자주 드러나기 시작했다. 요즘에는 남성이 액세서리나 요리, 집안 살림과 꾸미는 일을 즐기며 사회성을 토대로 진취적으로 일을 추구하기보다는 자기만족을 통하여 세세한 만족을 하는 경우가 늘어나기 시작했다.

이것을 신조어로 '초식남'이라고 하며 남자는 여성의 기질, 여성은 남성의 기질이 공유되고 있다는 것에서 하원갑자 시대를 여성상위시대라고 표현할 수 있다. 이러한 하원갑자시대에 발맞추어 여성은 남자를 이해해야 하며 남성 또한 여성의 입장을 생각하고 배려해 주어야 한다.

여기에는 궁합적 사고라는 맥락이 강하게 있다고 볼 수 있으며 궁합을 제대로 이해해야 인간관계가 매끄럽게 흘러갈 수 있다. 즉 남자도 사주 명식에 따라 본인의 나약함이 드러나 힘들 수 있고 옹졸함 때문에 다소 인간관계가 어려울 수 있음을 여자들도 이해하여야 한다. "남자가 쪼잔하게."라고 표현하기보다는 "뭐 저럴 수도 있지."라고 남성의 마음을 이해할 수 있는 마음가짐이 필요하다. 남성 또한 "여자가 너무 드세."라고 표현하기보다는 "저 여성은 진취적인 면이 있나 봐."라고 생각해 줄 수 있어야 한다. 이것이 상대방의 성향을 인정하고 나의 모습을 관망하는 궁합적 사고에서 출발한다고 볼 수 있다.

예시

〈여성 사주〉

◆ ◆

◆ 축

경　진

◆ ◆

〈남성 사주〉

◆ ◆

◆ 인

을　유

◆ ◆

» **여성의 성향**

경진의 괴강살을 통해 여장부다운 성격의 소유자이다. 다소 저돌적이며 성격이 급하고 불의를 보면 못 참는 성격이다. 또한, 직설적이고 뒤끝이 없으며 눈치가 빠르다. 그러므로 인간관계에 있어 '辰丑(진축)'의 영향을 받아 구설수가 많다.

» 남성의 성향

온화하고 차분하지만 옹졸하고 예민한 성격의 소유자다. 뒤끝이 강한 성격 탓에 '寅酉(인유)'의 원진살이 작용한다.

» 여성이 남성을 이해하는 방법

소심하고 뒤끝이 강한 남자의 본래 성향을 이해하고 인정해 주는 자세가 필요하다. 마음속 깊이 원망하고 상처받은 마음을 대화를 통하여 침착하게 들어주는 자세가 필요하다. 절대 급한 성격을 표출하여 자기 생각을 전달할 필요는 없으며 가슴으로 따뜻하게 이해해 주면 된다.

» 남성이 여성을 이해하는 방법

여자가 기가 세서 "내가 상처를 받는다.", "너 때문에 원망의 감정이 더 깊어간다."라고 생각을 하게 되면 한도 끝도 없이 생각이 깊어진다. 본인의 나약한 성향을 인정하려는 자세가 무엇보다 필요하다. 본인의 습성이 하나의 카르마로 자리를 잡았다면 상대방 역시 그러한 카르마가 강하게 존재한다는 것을 생각하고 인정하면 답은 간단하다. 또한, 마음에 원한은 어쩔 수 없는 법, 다른 스트레스 해소법을 찾아 활동해 나가려는 마인드가 필요하다.

3

십성으로 보는
인간관계 스타일

3-1. 십성의 기본적인 이론

사주의 합, 형, 충, 파와 신살 론 이론에 대해 알아보면서 인간의 성향과 관념을 이해할 수 있으며 간단한 풀이를 통해 심리도 알아볼 수 있다. 하지만 이러한 이론들은 사주의 적성과 구체적인 심리를 알아나가는 과정이 아닌 사주의 단면만 보게 되는 데 그칠 수 있으며, 상대의 속마음을 완전하게 간파할 수는 없다.

즉 십성의 이론을 공부해야 사주와 궁합을 정확하고 완벽하게 이해해 나갈 수 있으며 자신과 타인의 선천적인 재능이 무엇인지를 정확하게 간파해 나갈 수 있다. 그럼 십성의 원리에 있어 중요한 육신의 구성을 알아보고 어떻게 십성을 대입시켜 나가는지 알아나가 보도록 하자.

- 육신의 원리

　　오행 중 나(일간)와 같은 경우 ─ 比劫(비겁)

　　오행 중 나(일간)를 생하여 주는 경우 ─ 印星(인성)

　　오행 중 내가(일간) 극을 하는 경우 ─ 財星(재성)

　　오행 중 내가(일간) 생하여 주는 경우 ─ 食傷(식상)

　　오행 중 나를(일간) 극하는 경우 ─ 官星(관성)

- 음과 양에 따라(일간 중심)

　　음양이 같은 경우 ─ 偏(편)

　　음양이 다른 경우 ─ 正(정)

• 육신에 따른 십성의 변형(일간 중심)

　오행 중 나를 생하여 주면서 음양이 같은 경우 — 偏印(편인)

　오행 중 나를 생하여 주면서 음양이 다른 경우 — 正印(정인)

　오행 중 내가 극을 하면서 음양이 같은 경우 — 偏財(편재)

　오행 중 내가 극을 하면서 음양이 다른 경우 — 正財(정재)

　오행 중 나를 극하면서 음양이 같은 경우 — 偏官(편관)

　오행 중 나를 극하면서 음양이 다른 경우 — 正官(정관)

　오행 중 나와 같으면서 음양이 같은 경우 — 比肩(비견)

　오행 중 나와 같으면서 음양이 다른 경우 — 劫財(겁재)

　오행 중 내가 생하여 주면서 음양이 같은 경우 — 食神(식신)

　오행 중 내가 생하여 주면서 음양이 다른 경우 — 傷官(상관)

3-2. 육신의 성격적인 의미와 십성의 표출

① 육신의 성격적인 의미

　육신은 비겁, 인성, 관성, 재성, 식신, 상관의 여섯 가지를 표현한 것으로서 일간을 통하여 오행의 수를 세어서 확인해 나간다. 이 여섯 가지의 뜻을 구분 지어 확인해 보자.

比劫(비겁)   자존성, 주체성

印星(인성)   학문의 수용 능력, 메모성

官星(관성)   남을 배려하는 마음, 봉사성

財星(재성)   정리정돈, 수리적인 감각

食神(식신)   (나만의 스킬, 노하우) 연구성

傷官(상관)   (나만의 스킬, 노하우) 언변성

예시

(천간)   (지지)

  을   축   연주(연간+연지)

  신   사   월주(월간+월지)

  갑   자   일주(일간+일지)

  무   진   시주(시간+시지)

　乙丑(을축)에서 乙(을)은 천간에 해당하면서 연주에서는 연간에 해당이 된다. 또한 '축'은 지지에 해당하면서 연주에서 연지에 해당이 된다. 나머지도 이렇게 해석을 해 나가면 될 것이다.

　그럼 일주의 일간이 나를 의미하는데, '甲(갑)'은 대림 목으로서 '木(목)'에서 '陽(양)'의 의미를 담고 있다. 그럼 일간을 중심으로 하여 음양이 같은지 다른지를 분석하고 십성을 접목시켜 나가면 된다. 그럼 십성을 접목시켜 보자.

• 사주를 통한 십성 표현

겁재 을		축 정재
정관 신		사 식신
	갑	자 정인
편재 무		진 편재

목	화	토	금	수
1	2	3	1	1

여기서 甲(갑)이 日干(일간)으로서, 일간을 중심으로 하여 연주, 월주, 일주, 시주에 있는 십성을 대입해 나가면 된다. 그다음 천간과 십이지의 오행을 분석하여 수를 세어 나가면 된다. 이때 일간을 제외한 나머지의 오행을 세어 나가면 되고 월지는 두 개로 간주하여 계산한다.

3-3. 刑, 沖, 破, 害(형, 충, 파, 해, 원진)를 통한 십성의 표출

십성의 표출을 통하여 분석할 때는 월지를 가장 기본으로 하여 분석한다. 그 밖에 십성 중 하나의 십신이 편중되어 있거나 십성의 월주, 일주에 있을 때를 기본 토대로 하여 분석해 나간다. 또한, 궁합을 통하여 해석하는 것은 월, 일지를 서로 분석해 보고 형, 충, 파, 해가 있다면 궁합적 성향이 맞지 않아 충돌이 있다는 것을 의미한다.

① 편인

편인의 장점은 '눈치가 빠르다. 창조성이 강하다. 활발하다.'가 있으며 편인의 단점은 '싫증을 잘 느끼고 약삭빠르다. 기교한 술수를 부린다.' 가 있다.

예시 화학 연구원(여)

偏財 甲子 傷官

偏印 戊辰 偏印

　　　 庚辰 偏印

劫財 辛巳 偏官

편인이 월지에 자리 잡고 있으며 편중된 사주라고 할 수 있다. 즉 약삭빠르고 눈치가 빠른 것이 특징이며 庚辰(경진)의 魁剛殺(괴강살)과 맞물려 천부적인 여장부다운 면모를 과시한다고 볼 수 있다.

正財 甲子 食神

正印 戊辰 正印

    辛巳 正官

比肩 辛巳 正官

경진과 신사와는 일지에 형, 충, 파, 해가 작용되지 않는다. 하지만 월지에 辰辰(진진)이라는 自刑殺(자형살)이 있어 연애 초기나 신혼 때는 서로의 입장을 고집할 가능성이 있다. 즉 庚辰(경진) 사주의 偏印(편인)이 장점보다는 단점으로 드러나 약삭빠르고 자기 실리만 추구하려는 성향이 나타난다. 신사 입장에서는 다소 버거울 수 있으며 경진 입장에서는 '辛(신)'의 옹졸함이 자주 보인다는 생각에 의해 자형살을 형성한다고 해석할 수 있다.

극복 방법

일간의 성향만 보더라도 서로의 성향이 다르다는 것을 알 수 있다. 즉 庚(경)의 기질은 다소 과격하고 뒤끝이 없으며 의리를 중요하게 여기는 편이다. 또한, 경진의 괴강살이 다른 사람을 통솔하고 지략을 펼쳐 자신의 면모를 드러낸다고 할 수 있다.

그 반면에 辛(신)은 내성적인 면이 있으며 남의 눈에 띄는 것을 은연중에 좋아하고 다소 소심하게 상대를 바라보는 습성이 있다고 할 수 있다. 즉 경진의 성향이 너무 대범하고 직설적인 면이 있어 辛(신)의 성향이 상처를 받아 庚辰(경진)에게 표출되어 나간다고 볼 수 있다. 즉 서로의 성향과 성격을 하원갑자시대를 통해 분석해 나갈 수 있다.

» 경진이 신사를 이해하는 방법

경진은 신사가 남성이기는 하지만 내재된 마음속은 여성적인 면, 즉 감성을 우선시한다는 것을 먼저 인정하고 알아주어야 한다. 경진 입장에서는 고리타분하게 배운 것으로만 답습하려는 면모가 있는 신사를 이해하지 못해 직설적으로 화풀이할 가능성이 있다. 때문에, 경진은 스스로 마음을 가다듬고 본인도 남성적인 성향이 있다는 것을 알듯 상대의 여성적인 면모도 관망하여 인정해 주어야 한다.

» 신사가 경진을 이해하는 방법

경진 원래의 성격 즉 카르마가 다소 과격하고 눈치가 빠른 것으로 표출되어 나간다는 것(편인의 단점)을 인정해 주어야 한다. 즉 여성이기는 하지만 몸 안에는 남성적인 면모가 강하게 작용하여 본인에게 다소 과격한 말을 할 수 있으나 의도적으로 나를 나쁘게 하려는 마음이 없다는 것을 각인하게 되면 어떠한 충돌이 오더라도 별 의미 없이 지나갈 수 있을 것이다.

② 정인

정인의 장점은 '무엇이든지 배우고 습득하려 한다. 귀담아 누군가의 얘기를 잘 듣는다. 자신의 일을 계획에 맞게 설계해 나간다.'가 있으며 단점은 고지식하고 고리타분하다는 것이다.

예시 회사원(남)

傷官　乙未　正官

傷官　乙酉　正印

　　　壬辰　偏官

傷官　乙酉　正印

일간의 '壬(임)'은 바닷물을 뜻하며, 기질상 대범하고 진취적인 면이 있으나 감정 기복에 의하여 상대방에게 자신의 감정을 표출한다는 단점을 가지고 있다. 즉 상대방 입장에서는 다소 오해의 소지가 생길 수 있다는 것을 의미한다. 또한 正印(정인)이 월지에 있어 학문적인 성향에 진취적이며, 사물을 보고 배워나가는 능동적인 성격의 소유자라고 할 수 있다.

예시 궁합을 통한 사주: 주부(여)

正官　丙申　劫財

食神　癸巳　正官

　　　辛卯　偏財

正財　甲午　偏官

壬辰(임진)과 辛卯(신묘)는 卯辰(묘진)이라는 도화 해살이 적용되어 서로 간의 정신적, 물질적인 스트레스로 인한 갈등의 고조가 있다고 해석할 수 있다. 즉 壬辰(임진) 사주에서의 正印(정인)의 장점이 신묘 입장에서는 고리타분하고 고지식하다는 면(정인의 단점)으로 드러나 서로 간의 감정싸움이 잦아졌다고 한다. 임진은 신묘가 추구하고 있는 동호회나 계모임 등이 교양 있지 못하다는 이유로 신묘를 제지한 상태이며 신묘는 그러한 임진의 성향이 고리타분하다고 생각하고 있다고 한다.

극복 방법

》 임진이 신사를 이해하는 방법

본인이 추구하는 방식이 모두 옳다고 생각하여 상대방에게 강요한다면 갈등이 더 많이 생길 수 있다. 즉 본인의 고지식한 성향이 자신의 카르마를 통하여 생성되었다는 것을 인정할 필요가 크며 상대방 나름대로의 취미활동이나 고유 마인드를 인정해 줄 필요가 있다.

》 신사가 임진을 이해하는 방법

'辛(신)'의 특성상 다소 감성적으로 사물을 보고 불쾌하다는 것을 표출할 가능성이 크며 임진과의 관계에서도 어색한 방식으로 자신의 성향만을 강조할 가능성이 크다. 즉 자신의 감정을 순간적으로 들여다보는 연습이 필요하며 임진을 설득하기 위해서는 이성적인 판단으로 대화를 나눠야 한다. 자신의 감정 흐름을 읽어내고 논리적으로 표출해 나가는 연습이 중요하다고 볼 수 있다.

정재와 정관 또한 정인과 비슷한 맥락에 의하여 발현될 가능성이 크며 서로 간의 刑(형), 沖(충), 破(파), 害(해)가 존재한다면 단점으로 발현된다고 해석해 나갈 수 있다.

③ 편재

편재의 장점은 '프리랜서적인 기질이 강하다. 수리적인 감각이 뛰어나다.'는 것이 있으며, 단점은 '교묘한 술수가 있다. 안정적인 재물을 모아나가지 못한다.'라는 것이 있다.

예시 남성 사주

正官　壬戌　傷官
偏財　辛亥　正官
　　　丁巳　劫財
偏財　辛亥　正官

丁巳(정사)는 신살 론의 형태에 존재하지 않으며 월, 일지의 巳亥(사해)를 통하여 성향을 알아볼 수 있다. 즉 巳亥(사해)는 驛馬(역마) 損害(손해) 殺(살)로서 心身困厄(심신곤액)을 의미한다고 볼 수 있다. 무엇이든지 자신의 일을 찾아 행동에 옮기려는 실천력은 강하지만 하는 만큼 결과가 만족스럽지 않아 마음속 깊이 자책할 가능성이 있다는 것을 의미한다. 또한, 일간의 丁(정)의 기질이 같이 발산되어 더욱더 상처가 오래 남게 되는 영향력을 가지고 있다.

예시 궁합을 통한 사주: 여성

正印　辛酉　正印

正財　丁酉　正印

　　　壬寅　食神

食神　甲辰　偏官

壬寅(임인)과 丁巳(정사)는 일지에 寅巳 刑殺(인사 형살)이 성립이 되며 '寅巳(인사)'는 역마적 기질을 발산해 나가되 서로 정신적, 물질적 손해가 드러나 갈등이 있다는 의미를 가지고 있다. 즉 임인은 정사가 偏財(편재)의 단점인 재물을 안정적으로 모으지 못한 성향을 못마땅하게 여기게 되었다고 한다. 즉 '壬(임)'의 기질 상 상대방에게 감정 기복에 따른 생각 표출을 많이 한 결과 '丁巳(정사)' 입장에서는 마음속 깊이 원망하는 마음이 많아졌다는 의미를 가지고 있다.

극복 방법

» 정사가 임인을 이해하는 방법

정사는 본인 스스로 옹졸하고 마음속 깊이 심신곤액이 강하다는 것을 알고 있을 것이다. 그것이 하나의 카르마로 존재한다면 배우자의 카르마 또한 인정하고 존중해 줘야 할 것이다. 즉 임인은 월, 일지에 怨眞殺(원진살)이 자리 잡고 있어 마음속 깊이 감정 기복이 심하여 상대방을 마음을 헤아려 주기보다는 원망하고 미워하는 습성이 몸에 배겨 있다고 할 수 있다. 즉 본인의 계획과 앞으로 내가 가지고 있는 십성의 강점, 즉 편재(돈을 구슬리고 불려 나가는 능력)의 장점을 충분히 아내에게 이해시켜나가면 된다.

» 임인이 정사를 이해하는 방법

하원갑자를 적용해 설명할 수 있다. 즉 예전에는 남자가 모든 주도권을 가지고 집안의 가장으로서 아내를 통솔해 나가는 면이 많았다. 하지만 상원갑자시대의 여성상위시대가 도래함으로써 남성만이 경제권을 주도해야 한다는 생각을 버려야 한다. 즉 여성도 사회적인 진출을 통하여 경제권을 장악할 수 있으며 남편의 고충을 덜어 주려는 여성의 신념이 중요하다고 분석할 수 있다.

임인은 본인 사주에 존재하는 월지의 정인을 토대로 무엇이든지 배우고 익히려는 강점을 가지고 있다. 또한, 학문적인 감각이 뛰어나 각종 자격증에 도전해 본다든지 취직을 하여 경험을 토대로 한 나만의 경험, 노하우를 쌓아 나간다면 남편에게 의지하여 모든 것을 해결하려는 성향을 점차 고쳐 나갈 수 있을 것이다.

④ 편관

편관의 장점은 '예리하다, 분석력이 강하다, 꼼꼼하다.'가 있으며 단점은 '예민하다, 상처를 잘 받는다, 남에게 강요를 잘한다.'가 있다.

예시 회사원(남)

正印　辛酉　偏印

偏官　戊戌　偏官

　　　壬戌　偏官

正財　丁未　正官

壬戌(임술)의 성향과 편관이 맞물려 감정 기복이 심하고 예민한 성격의 소유자라고 할 수 있다. 즉 편관이 월, 일지에 편중되어 있어 사물을 보는 관점이 다소 까다롭고 옹졸한 마음이 깊다고 할 수 있다. 즉 편관은 분석력이 대단하다는 장점이 있다고 표현할 수 있지만, 제삼자의 입장에서는 피곤함을 느낄 수 있다.

예시 궁합을 통한 사주: 간호사(여)

正印　癸亥　偏印

比肩　甲子　正印

　　　甲戌　偏財

正印　癸酉　正官

壬戌(임술)과 甲戌(갑술)은 刑(형), 沖(충), 破(파), 害(해)가 존재하지 않으며 단지 임술은 魁剛殺(괴강살)이자 白虎殺(백호살)로서 해석한 다음 서로의 궁합적 면을 분석해 나갈 수 있다.

壬戌(임술)과 偏官(편관)이 만나게 될 때의 성향

임술은 다른 사람을 통솔하는 진취적이고 디지털적인 사고를 가지고 있다. 즉 내면은 변화를 좋아하고 새로운 것을 개척하려는 면모가 강하여 항상 현실에 만족하지 않고 무언가를 계획하고 분석해 나간다. 또한, 사물을 냉철하게 보고 판단하는 습성이 강하다고 볼 수 있으며 이는 임술의 통솔력과 리더십이 '편관'의 성향과 맞물렸다고 해석할 수 있다.

임술은 사물의 냉철함을 통하여 새로운 변화를 개혁하지만, 인간관계에서 자신이 개혁하고 만들어 낸 주장을 원리 원칙에 입각하여 상대를 대하려는 심리가 다소 강하다고 할 수 있다.

정리하자면 편관과 백호살이 같이 작용하여 예리하게 사물을 본다는 점에서는 장점이 될 수 있지만, 인간관계 측면에서는 도리어 예민하게 작용하여 상처를 잘 받고 내가 가지고 있는 기준점에 따라와 주기를 바라는 이중적인 심리가 강하다고 할 수 있다.

극복 방법

» 갑술의 입장에서 임술을 이해하는 방법

甲戌(갑술) 또한 甲(갑)의 성향상 남에게 지기를 싫어하고 무엇이든지 잘해야 한다는 강박관념을 가지고 있다. 이는 대림목 성향의 이미지 리딩을 생각하면 쉽게 이해될 것이다. 그러다 보니 인간관계에 관해서는 지기를 싫어하며 자기 생각을 강하게 주장하려는 면모가 보인다고 할 수 있다. 그렇게 되면 임술 입장에서는 예민해지기 쉽고 상처를 잘 받을 수 있다.

일단 갑술은 임술에게 칭찬과 격려를 자주해 주는 것이 필요하며 임술이 하려는 직업적인 문제나 사업상 계획, 벤처적인 지식 등은 차분하게 들어주고 자신의 생각을 조금씩 첨가하려는 노력이 필요하다고 볼 수 있다. 즉 두 사람의 궁합은 갑술이 그러한 노력을 지속적으로 해 나가려는 면모가 보인다고 해석할 수 있다.

» 갑술이 해 나가야 하는 방향

여기서 중요한 것은 상대방인 임술의 성향만을 인정하고 받아들인다면 갑술이 스트레스를 자주 받게 될 수 있다. 즉 갑술은 무엇에서든지 최고가 되어야 한다는 강박관념이 있는데 월지에 정인이 자리 잡고 있어 학문적인 수용이 강하다고 해석할 수 있다. 즉 배우자의 성향과 심리에 치우쳐 살기보다는 나만의 계획과 시간을 투자하는 것도 좋은 방법이라고 할 수 있다.

» 임술이 갑술을 이해하는 방법

임술은 자신의 완고함과 고집스러움을 자각해야 한다. 즉 자신이 나약하고 예민한 부분이 있다면 그것을 정확하게 인지할 필요가 있으며 인지능력을 토대로 하여 상대방의 장점을 분석해 나갈 필요성이 있다. 그렇게 된다면 소소한 것에서부터 감사하게 되는 마음이 생길 것이며, 매사를 낙관적으로 볼 수 있는 동기부여가 된다. 즉 상대방의 감정, 카르마를 읽을 수 있는 능력이 생기게 될 것이다.

⑤ 비겁

비겁의 장점은 '자존성이 강하다. 활동적이며 경쟁심이 강하다.'는 것이고, 단점은 '고집이 세다. 싸움을 좋아한다. 이기적으로 보일 수 있다.' 등이 있다.

예시 남성 사주

傷官	癸亥	食神
劫財	辛酉	劫財
	庚戌	偏印
正官	丁丑	正印

庚(경)의 기질과 庚戌(경술)의 魁剛殺(괴강살)이자 紅艶殺(홍염살)의 신살 론이 존재하여 터프하고 매력적인 면을 발산해 나가며 인간관계

에서 의리를 중요하게 여기되 통솔력을 크게 발휘해 나가는 성향이 강하다고 할 수 있다. 즉 예민하지 않고 사물을 직시하여 돌파구를 찾는 유형이라고 할 수 있다. 월지의 劫財(겁재)의 역할이 더욱더 남성적인 면을 어필하는 데 크게 작용한다고 할 수 있다.

하지만 이러한 겁재도 장점 이외에 단점이 존재한다. 이것은 형제, 친구, 동료 등을 통하여 강한 경쟁력을 확보해 나가는 이점이 분명 존재하지만, 그 이면에는 강한 질투심, 조작, 부당한 비판을 들을 수 있다. 즉 이러한 것들을 본인의 성질에 못 이겨 직설적으로 내뱉기보다는 자신이 선망의 대상이 될 수 있음을 인지하고 차분히 행동해 나가는 것이 중요하다고 볼 수 있다.

예시 궁합을 통한 사주: 여성

偏官	戊辰	偏官
食神	甲寅	食神
	壬子	比肩
傷官	乙巳	偏財

위의 사주와는 월지에 寅酉(인유), 怨嗔殺(원진살)이 존재하여 신혼 초나 연애 시기에 서로 성향이 맞지 않을 수 있다. 즉 여성 사주인 壬子(임자) 입장에서 봤을 때, 庚戌(경술) 劫財(겁재)의 장점보다는 단점이 다소 눈에 잘 드러나 마음속 깊이 원망이 있을 수 있음을 의미한다고 볼 수 있다. 또한, 겁재의 특성상 프리랜서적인 기질이 강하기 때문에 다소 안정적이지 않음을 인지할 수 있다.

극복 방법

» 임자 입장에서 경술을 이해하는 방법

만약 결혼을 준비하는 중이라면 상대방의 직업적인 맥락을 알아보고 결혼 후에 안정적이지 않을 수 있음을 먼저 인지할 필요가 있다. 즉 내가 주체가 되어 상대방에게 이끌려가지 않겠다는 신념이 중요하며 상대의 장점, 즉 남성적이고 터프함, 의리를 중요시하는 성향을 존중해 줄 필요가 있다.

즉 庚戌(경술)에게 이러한 매력이 존재하기 때문에 본인 마음에 이끌렸을 수 있으며, 내가 이 사람과 결혼할 수밖에 없는 초심을 결혼 후에도 생각하다 보면 마음의 여유가 생긴다고 할 수 있다.

그럼 ⑤의 사주 예시를 ⑥에서 입장바꿔 설명해 보도록 하겠다.

⑥ 식신

식신의 장점은 '연구성과 치밀함이 있다. 마이스터적인 기질을 가지고 있다.'가 있으며 말투가 어눌하고 상대방을 배려하는 마음이 적을 수 있다는 단점이 있다.

⑤의 임자 성향

壬子(임자)는 신살 론 중에서 夫婦 生離死別(부부 생리사별)이자 紅

艶殺(홍염살)에 해당하며 성향적으로 마음의 감정 기복이 심하고 얽매여 있지를 못하며 자신의 감정을 직설적으로 표현한다는 단점을 가지고 있다. 이러한 감정들을 상대방에게 표출하여 갈등을 야기시킬 수 있다. 즉 상대방에게 집착을 하는 것보다는 食神(식신)의 장점을 활용하여 자신의 전문 분야를 통하여 평화를 얻어 가는 연습이 필요하다고 볼 수 있다. 이러한 감정치료법은 어떠한 일에 몰두하되 내가 주체성을 가지고 살림을 꾸려 나가게 되는 의지가 더 크게 발현될 수 있다.

극복 방법

» 경술 입장에서 임자를 이해하는 방법

경술 입장에서는 食神(식신)의 단점이 표출되어 자신의 성향을 임자에게 강요할 수 있다. 때문에, 신혼 초에는 이러한 측면이 잦은 싸움으로 번질 수 있으며 상대가 직설적인 성향을 표출하는 방식을 보면서 경술은 자신의 내면과 성향적인 면을 분석할 수 있다.

그리고 임자 입장에서 과격한 언행이 표출된다고 한다면 한 템포 낮추어서 충분한 생각을 하고 나의 입장을 논리정연하게 얘기하는 연습이 필요하다.

실제 두 사람은 마음의 수양을 쌓을 수 있는 종교 활동이나 봉사 활동을 일주일에 한 번 정도 같이 공유하면서 서로의 입장을 이해하고 반성해 나가고 있다고 한다.

⑦ 상관

상관의 장점은 '표현력이 좋다. 유머감각이 있다.'이며 단점은 '잔머리를 잘 굴려 상대방을 설득시킨다. 변덕이 심하다.' 등이 있다.

예시 대학 강사(남)

偏官　辛酉　偏官

傷官　丙申　正官

　　　乙酉　偏官

比肩　乙酉　偏官

일간의 乙(을)의 성향을 보면 마음이 감성적이고 다정다감하며 상대와 융화를 이루려는 기질을 타고났다고 할 수 있다. 하지만 의외로 자존심이 강하여 자기 생각을 굽히려 하지 않을 수 있으며 옹졸함이 강한 것이 특징이라고 할 수 있다. 즉 위 사주에서 보듯 官星(관성)이 편중되어 있어 더욱더 그런 성향을 내비칠 수 있으며 이러한 기질을 月干(월간)의 傷官(상관)을 통하여 극복해 나간다고 해석할 수 있다.

예시 궁합을 통한 사주: 주부(여)

傷官　甲子　比肩

偏印　辛未　偏官

　　　癸卯　食神

比肩　癸亥　劫財

위의 사주와는 일지에 卯酉(묘유) 沖(충)이 성립이 되며 癸卯(계묘) 사주에서 亥卯未(해묘미)가 卯(묘)로 발현될 경우 월지에 卯申(묘신)의 怨嗔殺(원진살)이 성립이 된다. 즉 癸卯(계묘) 입장에서는 乙酉(을유)의 傷官(상관)의 장점보다는 단점이 눈에 들어와 갈등이 있을 수 있다고 해석할 수 있다.

극복 방법

» 계묘가 을유를 이해하는 방법

을유의 관성과다로 인한 예민함과 마음속 깊은 곳에서 마음의 어려움을 표현적 지능, 즉 傷官(상관)을 통하여 극복해나가는 면모가 있다는 것을 먼저 인지할 필요성이 크다.

즉 상대방의 아픔을 알아봐 주고 고뇌가 있다면 같이 들어주고 위로해 주는 표현방식이 중요하다고 볼 수 있다. 즉 상관의 기질은 때로는 변덕성과 잔머리를 내포하고 있지만, 상대방이 위로해 주고 바라봐 줄 때 자신의 내면은 굳건해진다는 면모가 숨겨져 있다.

» 을유가 계묘를 이해하는 방법

계묘는 식신이 편중되어 있어 마음의 표현이 어눌할 수 있으며 자신의 기술력을 공유하려는 심리가 작용할 수 있다. 즉 계묘의 관심사를 집중해서 들어주고 맞추어 주는 방식이 중요하며 자신이 가지고 있는 傷官(상관)의 성향을 하나의 장점으로 인식하고 상대에게 유머러스하게 표현해 나가는 연습이 필요하다.

두 사람은 신혼 초에는 서로 취향이 맞지 않아 갈등이 있었지만, 서로의 노력을 통하여 행복하게 잘 살고 있다고 한다.

이와 같이 궁합을 보는 이유는 서로의 입장 차이를 이해하는 것에서부터 출발하며 궁합이 나쁘다는 말을 극단적으로 이해하거나 얽매일 필요는 없다. 또한, 십성을 통한 궁합의 형, 충, 파, 해도 그러한 맥락으로 이해하면 되며 실제 임상에서 알 수 있는 것은 서로의 의지를 통하여 얼마든지 행복을 공유하게 된다는 것이다. 즉 십성을 통한 궁합의 형, 충, 파, 해란 서로의 입장과 성향을 이해하고 내가 가져야 할 지혜를 가르쳐 주고 일깨워 주는 하나의 학문으로 이해하면 되겠다.

3-4. 사주 궁합보다 德(덕)이 우선이다

사주 궁합은 하나의 참고사항이지 절대적이라고는 할 수 없다. 사주는 하나의 본인이 자각하기 힘든 잠재역량이나 내가 가져야 할 마인드를 조언해주고 지금 행동방식에 문제가 있다면 그것을 일깨워주는 학문이기 때문이다. 예시를 통하여 이러한 근거를 분석해 보자.

正印 癸卯 劫財

食神 丙辰 偏財

      甲辰 偏財

比肩 甲子 正印

위의 사주를 분석해 봤을 때 일지의 甲辰(갑진)은 白虎殺(백호살)의 역할을 하는 신살이라고 볼 수 있다. 또한, 월, 일지의 辰辰(진진)은 自刑殺(자형살)로서 그러한 성향을 자초하여 분란을 만들어 나간다고 해석할 수 있다. 즉 자신의 주장만 옳고 다른 사람의 의견을 배척하려는 인간관계의 심리를 사주를 통하여 간단하게 분석해 낼 수 있다.

하지만 위의 사람은 이러한 상황을 빨리 인지하고 나름대로 개선하기 위하여 노력 중이라고 한다. 즉 이러한 본인의 성향을 자각하여 남의 얘기를 귀담아들어 주고 생각을 많이 한 다음 자신의 의견을 표현한다고 하니 사주보다 앞서나가는 것이 德(덕)이라고 얘기할 수 있다.

궁합을 통한 사주 분석을 하기 전에 현시점의 나의 처지와 상대방의 성향 분석을 통해 어느 정도 궁합적인 면모를 예상해 나갈 수 있다. 예를 들어 요즘에는 고부갈등도 문제라고 할 수 있지만, 장서 갈등도 하나의 사회적인 문제로 대두되고 있다. 즉 결혼 후에 장모의 잔소리가 극에 달해 사위가 이혼을 결심하는 경우도 해당된다.

이것은 예전과는 달리 딸이 귀중하고 대접받는 시대가 온 만큼 적당하게 친정을 우선시하게 되는 풍토로 인한 현상일 수 있으며, 남자 입장에서는 취직이 어렵고 자금 사정이 여의치 않아 처가 식구에게 기대게 되는 일도 빈번해져서 생기는 것이라고 할 수 있다.

즉 장모 입장에서는 귀하게 자란 딸이 아깝게 느껴져 사위에게 잔소리를 많이 하게 되니 이를 호소할 수 있고 들어줄 수 있는 아내가 절대적이라고 볼 수 있다. 물론 반대로 고부갈등의 상황에서 며느리 또한 남편이 절대적인 호소의 대상이라고 볼 수 있다.

그렇다면 여기서 무조건 내 부모님이라는 의리를 강조하게 되면 걷잡을 수 없는 지경에 이를 수 있다. 즉 배우자를 덕으로 감싸주고 마음을 헤아려 주는 것이 가장 중요하다고 볼 수 있다. 만약 그러한 덕이 상대방의 성향에 나타나지 않는다면 먼저 자신의 성향을 먼저 분석해 보자.

예시

偏官	辛酉	偏官
食神	丁酉	偏官
	乙未	偏財
比肩	乙酉	偏官

위의 성향 분석을 하자면 일간이 '나무 목'으로 주위에 금이 많다. 즉 偏官(편관)이 치우쳐 있어 쓸데없이 예민하고 걱정거리를 만들어 나간다고 볼 수 있다. 만약 위의 사주가 남자라면 장모나 장인어른이 어떠한 충고를 하였을 시, 생각이 많아지고 예민한 반응으로 인해 자신의 감정을 지속적으로 옹졸하게 만든다고 볼 수 있다. 이러한 것을 아내에게 얘기했음에도 그녀가 받아들이지 않았을 때 옹졸한 마음으로 지속

적으로 남을 원망하기보다는 자신의 성향을 먼저 따져 보고 상대방과의 관계를 분석하여야 한다.

① 자신의 관망

자신을 분석하기 위해서는 자신이 어렸을 때부터 부모와의 관계, 친구 간의 교제, 청년기에 사회생활 모습 등을 통하여 자신의 현 모습을 관찰해 나갈 수 있다. 위의 사주대로라면 인간관계에 있어 항상 편협된 사고로 인한 내면의 옹졸함이 잠재되어 있다고 할 수 있다.

즉 어렸을 때 부모가 어떠한 충고를 했다면 그것에 대한 과민반응을 일으켜 옹졸한 상태로 남게 되었을 가능성이 크다. 또한, 친구 간의 관계에서도 항상 피해의식이 마음속 깊이 자리를 잡고 있어 나름대로 상처가 깊다고 얘기도 할 수 있을 것이다.

즉 이러한 면들이 하나의 습관, 관념으로 자리를 잡아 버린 상태에서 성인이 되어 결혼하고 정착하였을 시 그러한 관념들이 은연중에 잠재되어 있다가 표출되어 나가는 것이다. 만약 본인의 성향에 문제가 있다면 자신을 돌이켜 보고 반성해 나갈 수 있는 문제이다.

또한, 장인어른이나 장모님이 한 얘기는 자신의 모습이나 처지대로 아랫사람에게 표현한 것뿐이다. 이것을 토대로 하여 내가 주체가 되어 자신의 잠재역량을 살리는 데 몰두하려고 노력하면 더 감사할 일이 많아진다는 것을 느끼게 될 것이다.

② 상대방의 성향을 관망

이것은 나의 성향을 분석해 본 다음 통찰력을 토대로 상대방의 성향과 마음을 분석해 보는 것이다. 즉 상대의 성향이 의리를 중요시하고 내가 가지고 있는 나의 사물, 주위의 친구들을 더 우선시한다면 이는 자신 부모의 말을 더 중요하게 여긴다고 볼 수 있을 것이다.

만약 이러한 성향을 가진 아내는 괴강살이 사주에 강하게 작용할 수도 있고 백호살이 작용을 하여 배우자를 강하게 친다고 남편은 생각할 수 있을 것이다.

하지만 배우자 입장에서 남편이 어려운 처지에 있을 때를 상상해 봐라. 아내는 두 발 두 손을 다 합쳐서 당신에게 몰두하게 될 것이다. 즉 단점이라는 나의 인식 아래 장점이 분명히 숨어 있을 것이다. 이러한 장점이 눈에 들어온다면 상대방의 성향을 인정해 주고 대화로 나의 솔직한 마음을 차근차근 표현해 나가는 것이 가장 중요하다고 볼 수 있다.

③ 德(덕)이 무너진다면 신념과 정체성을 가지고
침착하게 행동한다

대화할 때 내 생각만 전달하고 무작정 감정을 받아 달라고 하기보다는 상대의 입장이나 상황도 고려해서 듣는 것이 중요하며 자존성을 지키되 계획성도 같이 전달해 주는 것이 필요하다고 볼 수 있다.

즉 자신이 德(덕)이 있지 못하다면 나의 의견만 상대방에게 강요할 것이고 상대방이 덕이 있지 못한다면 자신의 말만 쏟아 부어 상황을 더욱더 악화시키게 될 것이다.

즉 상대방이 덕이 있지 못하고 자신의 관념대로 행동한다면 더욱더 냉철하게 판단하여 얘기하지 않고 간단한 제스처로 상대를 제압해 나갈 수도 있다. 때로는 비 커뮤니케이션어를 사용하는 것이 되풀이되는 언어보다 더욱더 효과를 발휘할 수 있기 때문이다.

그다음 나만의 정체성을 확고하게 다져 다음 상황으로 행동을 취하면 되는 것이다. 여기서 정체성을 확고하게 다진다는 의미는 상대방 또한 자신의 주장을 되풀이하기 위하여 모든 기력을 쇠하면서까지 화를 내고 있다는 것을 발견하고 화를 내는 상대방이 피해자라는 사실을 제대로 이해하게 된다는 것이다. 이렇게 되면 행동의 공격성이 사라지고 반쯤 감은 부처의 눈으로 상대를 바라볼 수 있게 된다.

3-5. 성격이 괴팍하고 무서운 그녀 '地藏干(지장간)으로 속마음을 알다'

① 지장간의 이론

우선 지장간의 뜻을 먼저 이해해야 한다. 지장간은 지지 안에 숨어 있는 천간으로, 내 안에 숨어 있는 강한 잠재적 역량, 또는 성향이라고 할 수 있다. 즉 겉으로 드러나지 않은 오행으로서 이것이 마음속 깊이 꿈틀거렸다가 은연중에 표출되어 나간다고 해석할 수 있다.

그럼 지장간의 이론을 설명한 다음 사주 명식을 토대로 하여 관념을 분석해 보도록 하겠다.

- 12지지를 통한 지장간

　子(자) → 壬(10), 癸(20)

　丑(축) → 癸(9), 辛(3), 己(18)

　寅(인) → 戊(7), 丙(7), 甲(16)

　卯(묘) → 甲(10), 乙(20)

　辰(진) → 乙(9), 癸(3), 戊(18)

　巳(사) → 戊(7), 庚(7), 丙(16)

　午(오) → 丙(10), 己(10), 丁(11)

　未(미) → 丁(9), 乙(3), 己(18)

　申(신) → 戊(7), 壬(7), 庚(16)

　酉(유) → 庚(10), 辛(20)

　戌(술) → 辛(9), 丁(3), 戊(18)

　亥(해) → 戊(7), 甲(7), 壬(16)

위의 지장간을 토대로 하여 볼 때, 만약 日柱(일주)가 戊辰(무진)이라면 진의 乙(9), 癸(3), 戊(18)가 지장간에 속한다. 즉 순서에 맞추어 乙(을)이 初期(초기), 癸(계)가 中期(중기), 戊(무)가 正期(정기)에 속한다. 다른 것도 이런 방식으로 구별해 나가면 된다.

그리고 일주에 戊子(무자)가 될 때는 子(자)의 壬(임)과 癸(계)가 지장 간에 속하는데, 壬(임)은 初期(초기), 癸(계)는 正期(정기)로 해석해 나 가면 된다.

지장간은 만세력으로 분석할 때 달(月) 중에서 굵은 글자로 쓴 간지 가 있다. 그 간지 일에 절기가 바뀌게 되었다는 뜻으로 자신의 양력 생 일을 기점으로 지나간 절기를 역행하여 절기 수를 세어 나가면 된다. 즉 태어난 날에서 절기가 바뀌게 된 날을 빼면 되는 것이다.

예시

- 생일: 6월 20일, 절기가 바뀐 날: 6월 12일
- (생일) 6월 20일 — (절기가 바뀐 날) 6월 12일 = 8

만약 일주가 戊辰(무진)이라면 辰(진)의 乙(9), 癸(3), 戊(18)에서 乙 (을)에 해당한다. 즉 初期(초기)에 해당된다고 볼 수 있다. 다시 말해 1 에서 9까지는 初期(초기), 9와 3을 더하여 12, 즉 10에서 12까지가 中 期(중기), 그다음에는 正期(정기)로 해석해 나가면 된다.

예시

- 생일: 9월 18일, 절기가 바뀐 날: 9월 8일
- (생일) 9월 18일 — (절기가 바뀐 날) 9월 8일 = 10

만약 일주가 庚寅(경인)이라면 寅(인)의 戊(7), 丙(7), 甲(16)에서 丙

(병)에 해당한다. 즉 中氣(중기)에 해당된다고 볼 수 있다. 다시 말해 1에서 7까지가 初期(초기), 7에서 7일을 더하여 14, 즉 8에서 14까지가 中氣(중기), 그다음이 正期(정기)로 해석해 나가면 된다.

그리고 子(자)와 卯(묘)와 같이 지장간이 두 개로 형성되어 있는 경우를 예로 들자면

예시

- 생일: 9월 25일, 절기가 바뀐 날: 9월 15일
- (생일) 9월 25일 ─ (절기가 바뀐 날) 9월 15일 = 10

일주가 戊子(무자)라면 子(자)의 壬(10), 癸(20)에서 壬(임)에 해당한다. 즉 初期(초기)에 해당된다고 볼 수 있다. 즉 1에서 10까지는 初期(초기), 11부터는 正期(정기)로 해석해 나가면 된다.

예시 지장간을 통한 사주: 地藏干(지장간) 初期(초기)

偏財　壬戌　比肩

偏印　丙午　正印

　　　戊辰　比肩

偏財　壬子　正財

광의적 궁합 사고

위의 사주를 먼저 분석해 보도록 하자. 먼저 가장 중요한 일주에 무진이라는 白虎殺(백호살)이자 紅艷殺(홍염살)이 붙어 있다. 즉 戊(무)의 기질을 토대로 하여 분석하자면 인간관계에 있어 듬직하고 신용이 있다. 즉 사람을 잘 통솔할 줄 알고 누구에게나 호감을 얻을 만큼 포용력이 있다고 할 수 있다. 즉 이러한 면들은 戊辰(무진)의 홍염살과 같이 작용을 하며 다른 사람에게 충분한 매력을 어필할 수 있다.

협의적 궁합 사고

하지만 白虎殺(백호살) 측면에서 얘기하자면, 자기 일은 자기가 알아서 다 해결하려 하다 보니 고독하고 외로움을 잘 탈 수 있어 자칫 배우자에게 그러한 본인의 성향이 드러나 갈등을 초래할 수 있다. 즉 본인의 성향이 강함을 알고 배우자를 통솔하려 들며 자신이 모든 것을 해결한다는 관념에 사로잡혀 상대방에게 부담감을 가중시켜 줄 수 있다는 맥락이다. 또한, 고지식하여 상대를 생각하지 않으며 자신의 방식대로 일을 진행할 가능성도 있다.

지장간을 통한 분석

위의 사주가 여자라면 관성이 사주에 없어 남을 세심하게 배려하려는 노력이 적을 수 있다. 관성은 위에서 설명하였듯이 남을 배려하려는 마음, 봉사성을 의미한다. 자신을 어필하고 대담하게 상대를 도와주려는 면모는 홍염살이나 戊(무)의 특징을 통해서 해석해 나갈 수 있지만, 세부적으로 들어갔을 때 남편과의 관계라든지 자식 간의 관계에서는 세심한 배려가 약할 수 있다.

그렇지만 위의 사주가 지장간의 初期(초기)라고 봤을 때를 기점으로 분석하자면 얘기가 조금 달라질 수 있다. 즉 戊辰(무진)의 辰(진)은 乙(9) 癸(3), 戊(18)에서 乙(을)에 해당한다고 해석할 수 있다. 즉 乙(을)은 戊(무)에게 있어 正官(정관), 즉 관성을 의미하며 겉으로 드러나지 않은 배려심, 도덕적 지수가 강하다고 얘기할 수 있다.

이러한 사주를 토대로 예시를 들어 보도록 하겠다. 무진의 백호살 작용을 가지고 있는 이 여성은 남편의 허점을 친정 부모님에게 그대로 얘기하였다는 이유로 남편과 심하게 싸우게 되었다.

예시

남편: 아무리 그래도 그렇지, 남편의 허물을 친정에 가서 얘기해?(소리 지르며) 제정신이야?

아내: 우리 부모님은 그런 거로 당신을 색안경 끼고 보는 그런 분들 아니야. 왜 이렇게 예민하게 굴어?

남편: (화를 강하게 내며) 그렇지 않아. 그건 자기 생각이지. 자긴 왜 자기 생각만 해? 완전 이기적이네. (남편은 화를 내며 밖으로 나간다)

여기서 아내는 친정부모와 얘기하는 도중 기분에 취해 남편을 배려하지 않고 얘기를 한 우를 범했다. 즉 무진의 성향과 관의 부족으로 진지한 생각을 하지 못하였다고 분석할 수 있다. 남편은 그러한 아내를 덮어주기보다는 때로는 자신의 소신이나 의견을 상대방에게 강하게 어

필하는 게 중요하다고 할 수 있다. 즉 이러한 상황에 있어 남편은 자존
성이나 카리스마가 중요하기 때문이다.

예시 官(관)의 생성

남편: (다시 집에 들어와) 난 당신에게 배신감을 느껴! 누구보다도 나를
　　　이해해주고 남편 흉이 있다면 덮어 줄 수 있는 게 아내의 몫 아니
　　　야? 그렇지만 당신은 그러질 못했어.

아내: (화를 내며) 아, 몰라! 우리 부모님은 그런 거 깊게 생각하시는 분이
　　　아니라니까. (더 화를 내며) 그렇게 아니꼬우면 혼자 살아!

남편: 당신한테는 편한 부모님인지 모르지만, 나에게는 장인어른이고
　　　장모님이야! (톤을 낮게 하고) 당신이 내 입장을 생각했더라면 그
　　　런 말은 안 했어야지.

　여기서 남편은 아내에게 나의 입장을 침착하게 설명해 나가며 논리
적으로 어필할 필요가 있다. 여기서 중요한 것은 화를 한번 크게 냈기
때문에 톤을 낮게 한 상태에서 자신의 생각을 전달만 해 주면 되는 것
이다. 만약 나의 생각을 침착하게 얘기를 한 다음 대화가 통하지 않는
다고 느껴진다면 침묵으로 일관해 나가면 된다.

예시

남편: (침묵한 상태에서 밖에 나가려 한다)

아내: 뭐야, 밥 먹고 나가.

남편: 아냐, 됐어.

아내: (약간 미안한 마음이 들면서) 그래도 일하러 가는데 밥은 먹고 가
　　　야지.
남편: (못 이긴 척 받아 준다) 그래, 알았어.

즉 아내의 지장간인 官(관)이 현시점에서 드러났다고 해석하면 된다. 겉으로 봤을 때는 자신의 성질대로 행동하려는 버릇이 보일 수 있지만, 지장간을 통하여 아내의 본심이 드러났다고 볼 수 있다. 여기서 남편은 강하게 자신의 생각을 전달하여 감정적으로 아내를 대하기보다는 침묵이 하나의 현명한 선택일 수 있음을 알아야 한다.

4

역술가의 말로 보는
인간관계 스타일

4-1. 일부 역술가들의 맞지 않는 언변 능력

　이제까지 이야기한 것처럼 사주는 인간관계에서 개인의 잘못된 점이나 장점을 부각시켜 그 사람 고유의 성향을 하나의 메시지로 전달해 주는 역할을 하는 것이며 이것이 궁합적인 사고의 핵심이다. 하지만 일부 역술가들의 얘기를 들어보면 때로는 근거가 없다는 생각이 드는 경우가 있다.

　역술가들은 신살 론이나 십성을 통한 미래 예측적인 주장을 마치 나중에 필히 일어날 것처럼 말하는 경우가 있다. 이것이 우연히 맞게 된다면 사람들은 그것을 맹신하게 된다. 하지만 그들의 주장은 하나같이 자신만의 주장 외에 그것을 뒷받침해줄 수 있는 근거가 없는 것이 사실이며, 막상 지나고 보면 별 다름없는 생활이 이어진다는 것이 많다는 것이다.

　즉 한 번 맞으면 맹신하게 되고 맞지 않는다면 그저 그런 하나의 횡설수설에 지나지 않게 된다는 것이다. 예를 들어 애인이 없는 내담자에게 몇 월 달에 소개팅이 들어와 여자 친구가 생긴다든지, 남편이 바람기가 있어 아내가 잘 감시해야 한다는 말이 이에 해당된다. 또는 갑작스런 불행이 다가와 상황이 나빠질 수 있으니 부적을 써야 한다는 말도 여기에 해당된다고 볼 수 있다.

　이러한 말들은 하나의 상징적인 의미를 부여한 사주 명식을 옛날 구식 명리학에 따라 풀이한 것이다. 그러다 보니 맞지 않는 경우가 태반이며 특히 신살 론을 통해서도 그러한 의미부여를 많이 한다고 볼 수 있다.

사주는 어디까지나 자신의 성향 문제를 분석해 주고 해결책을 잡아 주는 상담학이며 나만의 독특한 장기나 적성을 찾아 주는 선천 적성에 불과하다. 즉 이러한 것들을 이제까지 이야기한 십성과 신살 론을 토대로 하여 궁합적 맥락에 의하여 차분히 분석하고 예시를 들어 나가는 것이 이번 장의 핵심이라고 볼 수 있다.

① '결혼운이 들어와 있다'의 뜻

사주는 항상 포괄적인 의미를 띠고 있어 하나의 문장 안에 여러 가지 의미를 부여한다고 볼 수 있다. 예를 들어 십성 중에서 정재가 신수에 들어왔을 때를 분석해 보도록 하자.

정재는 '목돈이 생기며 경제적인 융통성이 좋아진다. 또한, 남자에게는 이성운이 들어온다거나 애인이 생길 수 있으며 결혼할 수도 있다.'는 의미를 가지고 있다.

역술가: (남자가 정재운이 들어와 있는 경우) 올해 결혼 하겠네. 이번 여자가 자신과 운명의 상대자야. 꼭 잡아야 해!

위에서 역술가는 두 가지 오류를 범하였다. 첫 번째 오류는 정재의 한 가지의 요소만을 부각시켜 결론을 이끌어 나갔기 때문에 발생했다. 즉 "목돈이 생길 수 있다. 또한, 애인이 생기거나 이성운이 들어올 가능성이 있으며 결혼할 수도 있다."라는 말에서 목돈이 들어올 수도 있고 이성운이 들어와 상대방과의 연애를 진지하게 생각할 수도 있는 것이며, 주위에서 결혼하라고 얘기를 하여 생각이 깊게 들어 있을 수도 있는 문제다. 즉 포괄적인 상황을 하나의 요소로만 부각시켜 해석해 버린 '근시안적 귀납의 오류'를 범하고 있다고 얘기할 수 있다.

그렇기 때문에 역술가의 바른말은 "돈이 많이 들어오고 결혼을 한다."가 아니라 "돈이 들어올 수도 있고 이성적인 문제 또는 결혼할 상황이 이어질 수도 있다."가 맞는 표현이라고 할 수 있다. 즉 'and'와 'or'의 차이라고 볼 수 있다.

두 번째 오류는 "결혼을 한다."와 "결혼운이 와 있다."의 표현 때문이다. "결혼운이 와 있다."는 표현은 '이성 문제가 발생하여 내가 신중히 생각하고 있다'는 것과 '상대방과 예식장을 잡아 결혼한다'는 두 가지 문제로 해석할 수 있다.

즉 결혼운의 뜻은 두 가지 이상의 문제를 안고 가는 의미를 담고 있어서 '결혼한다'라고 단정 지을 수 있는 문제가 아니다. 다시 말해 수용 가능할 수 있는 문제를 하나의 의미로만 부여하여 오류를 범하는 말이라고 해석할 수 있다.

- 잘못된 표현
  결혼한다.
  돈도 들어오고 여자도 생긴다.
- 올바른 표현
  결혼운이 들어와 있다.
  돈이 들어올 수도 있고 이성적인 문제가 발생할 수도 있다.

4-2. 白虎殺(백호살), 魁剛殺(괴강살)을 통한 논리분석

① 백호살 또는 괴강살의 사례

역술가: 이 여자는 남자 여럿 잡을 사주이다. 당장 헤어지는 게 본인한 테 좋다.

여기서 역술가는 백호살이 있으니까 당연히 배우자 입장에서는 몸 이 안 좋고 기가 눌릴 것이라고 하는 것이다. 즉 백호살이나 괴강살로 인해 그러한 결과가 발생한다는 근거를 내세우는 것이다. 하지만 그 여 자의 성향이 나와 맞지 않아서 내가 피곤함을 느낄 수 있는 것이고 정 말 그 여자의 백호살 기질로 인하여 내가 몸이 안 좋아져서 잔병치레할 수도 있는 문제이다. 또한, 내가 과민반응을 일으켜 성격 차이 때문에 스스로가 잡혀 산다고 생각할 수도 있는 문제이다.

　즉 다양하게 접근하여 본인에 대한 분석과 상대의 성향을 분석한 다 음 냉철하게 판단할 수 있는 문제이지, 백호살 하나로 그 사람의 기운 을 얘기하는 것은 원인 분석을 잘못한 역술가의 오류라고 볼 수 있다.

② 괴강살의 사례

역술가: 여자가 너무 드세어 팔자가 사납다. 당신은 크게 부자가 될 상이다. 조만간 대귀대부를 이룰 것이다.

괴강살의 의미를 분석하자면 "남녀 모두 머리가 총명하고 통솔력이 뛰어나다.", "남자는 대귀대부를 이룰 상이며 여자는 고집이 세 남편과 화합을 이루지 못한다.", "여자 입장에서는 배우자가 괴질병, 사고를 당할 수 있다."고 해석해 놓았다.

여기서 여자의 고집이 조금 셀 수 있다는 것이지, '고집이 세서 배우자와 화합을 이루지 못하고 남편이 괴질병에 걸릴 수 있다'는 말은 전혀 근거 없는 말이라고 할 수 있다. 즉 '고집이 세다'의 근거는 괴강살의 성향 분석과 십성 분석, 또는 일간의 성향을 분석하여 그 사람의 단점을 잡아 주는 데 의미가 있다고 볼 수 있으며, 무조건 고집이 세다고 하여 배우자와 화합을 이루지 못하는 것은 아니다.

또한, 배우자와 화합을 이루지 못한다고 하여 남편이 괴질병이나 사고를 당한다는 말은 무관련성의 오류라고 볼 수 있다. 그리고 괴강살의 의미 중에서 '대귀대부를 이루거나 부자가 될 상이다'라는 뜻은 실질적으로 부자가 된다는 의미를 담고 있는 것이 아닌 통솔력과 리더십이 강하다는 의미를 부풀려서 해석한 것으로 풀이해 나가면 된다.

劫財　辛亥　食神

比肩　庚寅　偏財

　　　庚辰　偏印

偏官　丙子　傷官

위의 庚(경)을 토대로 분석해 보자면 뒤끝이 없고 의리를 중요시 하며 통솔력이 있다. 이것은 일주의 괴강살인 庚辰(경진)의 작용으로 그러한 성향이 더욱더 크게 발현된다고 해석할 수 있다. 또한, 월지와 일지의 偏財(편재)와 偏印(편인) 작용으로 약삭빠르고 새로운 탐구심이 강하여 안정적인 주부생활을 추구하기보다는 뭔가를 새롭게 배우고 익히려는 성향이 강하다고 해석할 수 있다.

즉 주부는 안정적이고 모험심이 없이 다소곳해야 한다는 고정관념을 깨는 것을 역술가가 다소 격한 표현으로 "남자를 잡아먹을 상이다." 라고 표현하는 것이다.

그러나 역술가의 말과는 다르게 위의 내담자의 사례를 통해 필자가 알게 된 것은 내담자의 가정생활에 아무 문제가 없었다는 것이다. 그녀는 통솔력을 발휘하여 일할 수 있는 뭔가를 찾고 있다고 했다. 남편의 동의하에 타로 공부와 부동산 공부를 평생교육원에서 하고 있다고도 했다.

4-3. 지장간을 통한 논리분석

역술가: 부자 기운이 있으니 무조건 잡아야 한다.

만약 위의 사실이 진실이라면 그 사람에 대한 신상 조사를 하면 그만이고 그 사람이 하고 있는 일의 실적과 성향을 통해 예측할 수도 있다. 하지만 아무 근거도 없이 부자가 될 기운이 강하다고 한다면 이 또한 근거 없는 말이라고 표현할 수 있다.

이러한 말들은 역술가가 지장간을 토대로 분석하여 내담자에게 전달했을 가능성이 크다. 지장간은 지지 속에 숨어 있는 천간을 의미하며 현실적으로 드러나 보이지 않는 나만의 노하우나 장기 또는 잠재역량을 의미한다고 해석할 수 있다.

예시 지장간 초기의 사주

傷官　甲子　比肩　　壬(10), 癸(20)

偏印　辛未　偏官　　丁(9), 乙(3), 己(18)

　　　　癸卯　食神　　甲(10), 乙(20)

傷官　甲子　比肩　　壬(10), 癸(20)

위의 사주를 토대로 분석하자면 원 사주에는 재성(財星)이 없으므로 돈에 대한 관념이 약하다고 할 수 있다. 잠재역량의 관점에서 설명하자면 재물을 구슬려 나가는 능력이 부족하다고 설명할 수 있으며 설계능력(設計; design intelligence)이 떨어진다고 해석할 수 있다.

여기서 설계능력이란 재물을 통한 나만의 재테크나 행동양식을 의미한다. 원 사주에는 이러한 것들이 드러나지 않았다고 해석할 수 있다. 하지만 지장간 속에 월지를 기준으로 봤을 때는 초기(初期)에 해당하는 丁(정)이 강하게 숨어 있어 이는 오행 중 火(화)를 의미한다고 해석할 수 있다. 즉 일간의 癸(계)의 입장에서는 십성 중에서 偏財(편재), 즉 財星(재성)이 발현되어 재물을 통한 본인만의 잠재역량이 강하다는 것을 알 수 있다.

여기서 의미하는 지장간 속의 재성은 숨어 있는 거대한 돈의 의미가 아니라 나만의 숨어 있는 재물에 대한 감각을 의미한다. 이것이 능력을 발휘한다면 재테크를 통하여 자신의 역량을 발휘해 나갈 수도 있는 것이고 수리학적인 감각에 의하여 직장이나 자영업에 표출되어 나갈 수도 있는 문제이다.

즉 이것은 나의 성향이 표출되어 나가기 위한 하나의 잠재역량을 의미하는 것이지, 단적으로 부자가 된다는 것은 의도 해석을 잘못한 역술가의 오류라고 할 수 있다.

4-4. 홍염살이 있는 사주를 통한 논리분석

홍염살은 신살 론에서 "인기가 많으며 남들이 예쁘게 봐준다. 다소 바람기가 있다."라고 해석돼 있다. 인기나 매력을 어필할 수는 있지만, 홍염살이 있다고 하여 바람기가 있다고 단정 지을 수는 없다. 정리해 보자.

- 매력을 어필하는 경우도 있고 바람을 피우는 사람도 있다. (○)
- 매력적인 면이 강하여 이것을 어필한다면, 잠재역량을 크게 살릴 수 있다. (○)
- 바람을 피우며 이성이 한둘이 아니다. (×)
- 당신 말고 다른 이성이 더 있다. (×)

통계학적으로 분석하면 홍염살의 작용으로 인하여 바람을 피우는 사람도 있고 그렇지 않은 사람도 많다. 즉 홍염살이 있다고 하여 인격적으로 문제가 있고 바람을 피운다는 것은 개연성이 적다고 할 수 있으며 서로의 궁합을 통해 분석을 하거나 십성을 통하여 성향을 분석해 나가야 정확도가 높다고 할 수 있다.

십성을 통한 분석에는 사주에 인성과 관성이 있는지를 통하여 그 사람의 결혼 생활에서 가정적인 부분을 볼 수 있는 것이다. 만약 여자의 경우 관성이 없거나 역마살이 많다면 다소 가정적이지 않을 가능성이 높으며 남자의 경우 편재나 역마살이 많다면 가정적이지 않을 수 있다.

① 홍염살을 대하는 나의 태도

사주에 홍염살이 있는 배우자를 만났다고 하자. 일주에 辛酉(신유)가
있다면 어떻게 상대방을 바라봐야 할까?

辛酉(신유)의 성향?

辛(신)의 성향을 토대로 분석하자면 앞장서서 리드하는 성향은 아니
지만, 은연중에 남의 눈에 띄는 것을 좋아하며 외모를 꾸미고 잘 다듬
어 상대방에게 나의 장점을 어필하려는 면모가 강하다고 할 수 있다.
이러한 면을 장점으로 어필하여 홍염살 작용을 할 가능성이 크다.

단점은 아첨과 칭찬을 구분하지 못하여 손해를 볼 수 있으며, 신유
자신을 비난한다면 옹졸한 마음이 표출되어 상대방과의 원수가 될 수
도 있다.

이러한 성향을 알고 상대의 마음을 맞추어 주며 칭찬을 아끼지 않는
것도 하나의 방법이 될 수 있다. 즉 신유가 가지고 있는 홍염살의 장점
을 보고 본인이 반했거나 결혼을 서둘렀을 수도 있는 문제이기 때문이
다. 본인의 첫 번째 목적은 상대의 외모였거나 상대방의 매력적인 부분
이 많았기 때문으로 추측할 수 있다. 때문에, 상대방의 성향을 먼저 인
정하여 주는 것이 필요하며 상대방의 외모나 매력을 통한 나의 현재 상
황을 감사하는 데 나의 생각을 맞추어 나갈 수 있다.

그다음으로 상대방의 단점을 드러내어 얘기하기보다는 장점을 항상
먼저 얘기한 후에 미래지향적인 면으로 단점을 바꾸어 합일점을 찾아

나가는 것이 중요하다고 볼 수 있다. 예를 들어보자.

예시

남: 자기 요즘 사치가 너무 심한 거 아니야?

여: 이거 옷이 너무 예뻐서 어쩔 수가 없었어.

남: 우리 요즘 생활비가 너무 많이 나가고 있어. 당신도 그거 모르는 거 아니잖아. 조금만 줄여 보도록 할 수 없어? 자기 매력적이고 유행도 잘 따라가는 건 참 좋아 보이는데, 내 월급으로 감당하기에는 너무 어려운 것이 사실이야.

여: 쪼금 더 줄여 보도록 노력해 볼게.

남: (통장이나 미래 계획서를 보여주며) 그럼 이 부분에서 돈이 많이 나가고 있는데, 이걸 조금씩 줄여 보는 게 어때?(통장의 다른 부분이나 상황도 설명한다)

만약 이렇게 하여도 상대방이 바람을 피운다거나 사치가 심하다면 그것은 후천적인 습성으로 인해 발현되었을 가능성이 있으며, 십성의 편중이나 오행의 부재로 인한 결과일 수도 있다.

즉 궁합적으로 잘 맞는다면 그것을 감당하고 통솔하려는 능력이 본인에게 있을 것이고 그렇지 않다면, 다소 떨어져 주말 부부로 생활을 하며 서로의 관계를 진지하게 생각해 본다든지 아니면 어떠한 조건을 내걸어 그 부분에 부합하지 않는다면 생활비를 끊어 상대방을 제압하는 것도 하나의 방법이 될 수 있다.

이와 같이 홍염살이 있는 사주를 대하거나 심리가 궁금하여 역술가를 찾는다면 먼저 궁합적인 성향을 분석하여 나의 태도나 상황을 점검하여 보는 것이 가장 중요하다. 상대방의 십성을 토대로 결혼 생활에 있어 가정적인 부분이 표출되어 있는지 그렇지 못한지를 확인해 나가는 것도 중요하다고 할 수 있다.

즉 가정적인 부분을 중요시하게 된다면 과감하게 상대방과의 관계를 하나의 경험으로 인정해 버리면 되는 것이고 가정적인 부분보다 상대방의 외모나 기타 매력적인 부분이 본인의 마음속에서 더 크게 발현된다면 결혼 후에도 그것에 목적을 두고 상대방과의 관계를 점검해 보는 것이 필요하다고 볼 수 있다.

4-5. 식상이 있는 사주는 남편을 강하게 친다

여성에게 있어 십성 중에 식신이나 상관이 많거나 일지에 식신이나 상관이 존재한다면 '남편을 강하게 치게 된다'라고 설명을 해 놓았다. 이 말은 임상에 의한 실질적 상담을 통해 개연성이 높다고 할 수 있으며, 아마 이러한 논리가 食剋官(식극관)의 원리에 의하여 발현되었다고 해석할 수 있다.

① 食剋官(식극관)의 원리란?

여자 위주

» 官星(관성)

여자에게 있어 官(관)은 남편이나 이성적 친구를 의미하며 넓게 보자면 남을 배려하고 도덕적으로 상대방에게 접근해 나간다는 원리를 담고 있다. 즉 내가 목木일 경우 나를 극하는 오행 중에서 금金이 관성에 해당된다고 볼 수 있다.

그렇다면 식상은 어디에 해당될까? 목木이 일방적으로 생하여 주는 화火가 식상의 역할을 한다고 볼 수 있다. 즉 화火가 강하게 있을 시 관성에 해당하는 금金을 강하게 치는 역할을 하기 때문에 식상이 많은 사주는 관성의 역할을 하는 오행을 극한다고 해석할 수 있다.

여기서 日干(일간)이 목木일 경우 화火가 식상이 되고 금金은 관성이 된다. 결론적으로 내가 생하여 주는 오행이 치중되어 있거나 일지에 식상이 존재한다면 남편을 강하게 치는 사주라고 얘기할 수 있다.

예시

♦ ♦

♦ ♦

갑 오 傷官

♦ ♦

만약 甲午(갑오)가 日柱(일주)에 존재한다면 '甲(갑)'의 성향을 토대로 하여 日支(일지)의 傷官(상관)을 분석해 나갈 수 있다. 갑은 무엇이든지 잘해야 하는 강박관념과 나를 남에게 과시하려는 갑오의 홍염살의 작용을 토대로 하여 식상의 성향이 강하게 발현된다고 해석할 수 있다.

즉 남편의 입장보다는 자신의 위신을 먼저 따져 남편을 군림하려는 성향이 있을 수 있으며 배우자 자리인 상관이 관성을 치는 성향을 가지고 있어 남을 배려하기보다는 더욱더 나의 자존감을 부각시켜 인간관계를 맺을 가능성도 크다고 할 수 있다.

하지만 年干(연간)이나 月干(월간) 또는 月支(월지)에 正印(정인)이나 偏印(편인), 즉 印星(인성)이 하나 이상 존재한다면 얘기는 달라진다. 이것을 印剋食(인극식)의 원리라고 하며 이러한 원리에 의하여 印星(인성)이 강하게 年柱(연주)나 日柱(일주)에 존재한다면 남편을 치지 않는다는 개념이라고 해석하면 된다.

② 印剋食(인극식)의 원리란?

만약 일간의 목木이 생하여 주는 오행이 화火라고 봤을 때 화火를 극할 수 있는 오행은 수水가 해당된다. 즉 수水는 나를 생하여 주는 오행이므로 印星(인성)에 해당된다고 할 수 있다. 즉 남편을 강하게 치는 화火를 인성에 해당되는 수水가 적절하게 쳐주기 때문에 남편을 치는 성향이 없다고 해석할 수 있다.

예시

正印 계 ◆

◆ ◆

갑 오 傷官

◆ ◆

즉 年干(연간)에 있는 癸(계)에 해당하는 오행이 甲午(갑오)의 午(오)에 해당하는 傷官(상관)을 강하게 쳐준다고 하여 남편을 강하게 치는 성향은 없다고 해석할 수 있다. 이것은 본인의 성향이나 습관을 인지하고 반성을 해 나간다고 해석할 수 있다.

물론 인성이 사주에 없더라도 어떠한 계기나 상황에 의하여 후천적으로 본인의 성향을 인정하고 고쳐 나가는 사람들도 많으며, 이러한 원리를 토대로 알 수 있는 것은 본인이나 상대방의 성향을 먼저 알고 거기에 따른 나의 성향을 분석해 나가는 데 목적이 있다고 할 수 있다.

그럼 식상이 배우자의 일지에 존재하거나 과다하게 치중되어 있다면 어떠한 마음가짐을 가지는 것이 효율적일까?

식상의 사주를 대하는 나의 마음가짐

만약 상대방의 사주에 인성 없는 상태에서 식상이 강하게 존재한다면 먼저 그 사람의 성향을 인정하고 바라봐 줄 수 있는 여유가 필요하다. 여기서 여유란 상대방의 습관이나 생활 방식의 잘못을 가려내는 것이 아닌 있는 그대로를 바라봐 주는 본인의 마음가짐을 의미한다고 할 수 있다.

즉 연애하다가 상대방의 어떤 면이 많이 보인다면 나의 성향이나 생활 방식을 토대로 상대방과의 생활 방식을 재 진단할 수 있다. 예를 들어 상대방의 사주에 식상이 강하여 표현력이 어눌하고 상대를 배려하지 않는 말투를 하는 여성이 있다고 하자.

예시 **식상이 많은 여자와의 대화**

남: 오늘 반찬이 너무 부실한 거 아니야?

여: 이게 뭐가 부실해? 내가 얼마나 정성을 다해서 한 건데.

남: (투정 부리며) 국도 너무 싱거워.

여: (버럭 화를 내며) 그냥 주는 대로 처먹어.

남: ….

위의 대화를 보면 여자가 남자의 비위를 맞추어 국에 간을 더해 주면 끝날 수도 있는 문제였다. 하지만 여자는 남자의 언행으로 심기가 불편해져 버럭 화를 내며 자기 생각을 표출했다고 볼 수 있다.

여성은 표현이 서툴렀던 것뿐이지 악의가 있어서 남자의 기분을 상하게 하려는 의도는 없다고 했다. 즉 여성 입장에서 봤을 때 원래 가지고 있던 카르마, 습성이 말투로 나온 것뿐이었다. 그래서 남자는 같이 화를 내기보다는 오히려 웃으며 상대의 행동을 장난으로 맞장구쳐 주었어야 했다. 또 다른 예를 들어 보자.

예시 식신이 일지에 있는 여자와의 대화(인성부재)

남: 나는 원래 불교 신자인데 꼭 성당에 나가야 돼?

여: 성당이 신앙 생활하기에는 더 좋을 거야. 회원 간에 단합도 잘 되고 봉사활동도 많이 하고. 자기도 미사에 한번 참가하자.

남: (단호하게) 그래도 나는 안 갈래.

여: (화를 내며) 왜 그렇게 고집이 세! 나도 같이 절에 가준다고 했잖아.

남: (단호하게) 그래도 나는 갈 생각이 없어.

위의 대화는 종교 문제로 인한 갈등의 대화라고 할 수 있다. 남자는 여자가 종교를 강요한다는 생각이 들어 상대 배우자가 나를 강하게 친다고 생각하고 있을 것이다. 하지만 생각을 바꿔 보면 종교의 믿음을 떠나 아내의 요구도 들어줄 수 있는 문제였다. 즉 성당이나 교회, 절을 다 같이 가보면서 서로의 입장을 이해할 수 있는 문제기 때문에 남자 입장에서는 고지식하게 하나의 의미나 생각, 관념만 가지고 상대 배우자가 나를 이해하지 못한다고 생각할 필요는 없다.

즉 역술가가 배우자와의 관계에 있어 상대를 강하게 친다는 얘기를 내담자 입장에서 들었다면 그것은 나의 생각이나 관념을 돌아보고 행동방식을 바꿈으로써 얼마든지 개선의 여지가 있다고 할 수 있기 때문에 너무 심각하게 배우자를 색안경을 끼고 바라볼 필요는 없다.

4-6. 그녀가 다시 내게로 올까?

이와 같이 역술가가 말하는 내용들은 어디까지나 가능성이나 추측을 통해 얘기를 하는 것이지 전적인 것을 내포하고 있지는 않다. 그럼 여기서 상대방과 연애를 하거나 내가 좋아하는 이성이 나와 재개를 할 수 있는지 또는 결혼할 수 있는지를 광의적인 측면과 협의적인 측면으로 예를 들어 설명해 나가도록 하자.

① 남녀 사주 광의적 측면

남성 사주 광의적 측면

예시

偏財　乙卯　偏財
偏官　丁亥　傷官
　　　辛未　偏印
偏官　丁酉　比肩

辛(신)의 성향상 은연중에 남의 눈에 띄는 것을 좋아하고 나름대로 꾸미는 것을 좋아하는 사주라고 할 수 있다. 하지만 음의 성향 표출로 인해 소심하고 남이 내 생각을 따라오지 못한다면 마음속 깊이 원망하고 미워하는 마음이 곁들어 있다고 할 수 있다.

이것은 십성에서 偏官(편관)이 月干(월간)과 時干(시간)에 있어 예민성에 의하여 표출될 가능성도 크다. 또한 亥卯未 三合(해묘미 삼합)으로 인하여 偏財(편재)가 강하게 표출되어 있어 프리랜서나 성과제가 있는 직업이나 인간관계를 맺어 나간다고 해석할 수 있으며 다소 얽매여 있는 직장생활 속의 인간관계는 본인과 맞지 않을 수 있다.

여성 사주 광의적 측면

예시

偏印	癸亥	正印
偏官	辛酉	偏官
	乙卯	比肩
偏官	辛巳	傷官

乙(을) 성향으로 분석해 보자면 남자의 성향인 辛(신)과 별반 차이가 없으며, 乙卯(을묘)의 부부 생리사별이 있어 본인의 옹졸하고 감성적인 마인드가 부정적으로 인간관계에서 표출될 가능성이 높다고 할 수 있다. 또한, 묘유 충과 편관이 월주에 강하게 있어 본인의 자존감을 높이려고 하지만 제삼자가 알아주지 못한다면 예민성에 의해 분란을 자초해 나간다고 볼 수 있다.

즉 사물을 부정적으로 보는 습성이 있다고 표현할 수 있으며 본인의 예민성을 예리함으로 바꿔 잠재역량을 살려 나간다면 긍정적 사고의 표출을 할 수 있는 상황이 얼마든지 가능하다고 볼 수 있다.

② 남녀 사주 협의적인 사고

서로 月支(월지)에 卯未(묘미) 반합이 존재한다. 월, 일지를 맞추어 분석하자면 해묘미 삼합이 존재하여 서로의 성향이나 취향은 잘 맞을 수 있음을 암시한다. 또한, 남성 입장에서 亥卯未(해묘미)에 의한 木(목)의 과다 편중을 여성의 金(금)의 작용으로 인하여 서로 간의 궁합은 융합을 이룬다고 표현할 수 있다.

하지만 성향과 취향이 잘 맞음이 결혼까지 이어진다거나 백년해로한다고 단정 지을 수 있는 문제는 아니다. 어디까지나 취향이 잘 맞거나 서로 다정다감하게 볼 수 있다는 것이기 때문에 상대방과의 궁합을 보는 협의적인 생각에 치우치기보다는 자신의 성향을 분석하고 파악하는 능력이 우선시 되어야 한다.

그럼 위의 사주 명식을 통한 궁합을 토대로 설명해보자. 사례자인 남자는 여자와 헤어진 상태이고 재결합을 바라는 마음에서 사주 상담을 의뢰했다. 그럼 여기서 사주를 통해 서로의 재결합을 예측해 나갈 수 있을까? 답은 '아니다'라고 할 수 있다.

즉 궁합이 좋아서 재결합할 수 있다는 것은 어디까지나 추측의 문제이지 실제 상황은 아니기 때문이다.

정리하자면
- 궁합이 좋은 것은 사실이다. (○)
- 다시 와서 재기한다. (×)

- 궁합이 좋기 때문에 다시 재기하게 될 것이다. (×)
- 궁합이 좋기 때문에 재기 할 수도 있을 것 같다. (○)

궁합이 좋으므로 서로에 대한 감정이 애틋하여 재기할 수도 있고 좋은 감정만 남아 있긴 하지만 상황이나 여건이 여의치 못하여 재기하지 못할 수도 있다. 또한, 서로 마음이 통하여 재결합할 기미나 조짐이 보인다고 표현할 수는 있지만, 다시 만난다고 단정 지어 버린다면 결국 맞지 않을 가능성도 배제하지 못한다.

즉 궁합이 좋아 재기한다는 말은 의도나 생각을 과다하게 확대시켜 표현한 말로, 맞지 않을 가능성이 더욱더 크다고 할 수 있다. 여기서 특정 인물과 결혼을 하거나 다시 만나서 연애를 시작하는 것은 어디까지나 서로의 의지 문제이지 사주나 궁합을 통하여 단정 지어 설명할 수 있는 문제가 아니다.

만약 남자가 여자에게 미련이 있어 사주를 통해 본인의 심리를 안정시키고자 하는 데 목적이 있다고 하자. 이것은 막연한 심리에 의하여 사주나 타로를 통하여 나의 마음을 긍정적으로 전환시키는 데 목적이 있다. 하지만 이것을 제어하기 위해서는 이러한 말들에 휩쓸려 감정 주체를 하지 못하기보다는 나만의 잠재역량을 쏟아 부어 나가는 것이 훨씬 생산적일 수 있다.

즉 중요한 것은 상대 여성의 사주의 흐름을 통하여 내가 진정으로 상대방의 단점이나 비위를 맞출 수 있느냐는 자신의 각오가 더 큰 문제이지 재기하고 결혼하는 것은 중요하지 않음을 본인 스스로 깨달아야 한다.

5

오행의 부재에 따른
인간관계 스타일

5-1. 오행의 부재에 따른 목적의 적응성

오행의 부재란 日干(일간)을 토대로 한 十干(십간)과 十二支(십이지)를 木(목), 火(화), 土(토), 金(금), 水(수) 즉 五行(오행)으로 함축시켜 놓았을 때 존재하지 않는 오행을 의미한다.

즉 어떤 사람의 사주가 궁금하여 생년월일시를 통해 사주 명식을 펼쳐보았을 때 그 사람의 고유 관념에 존재하지 않는 성향이나 생활습관을 나타낸다고 할 수 있다. 이러한 부재의 오행을 분석하여 내가 부족한 성향이나 습성을 어떻게 고쳐 나가야 하는지를 후천성을 토대로 목적을 정하고 장기적인 안목을 통하여 적응해 나가는 연습이 필요하다.

이러한 노력 단계를 목적의 적응성이라고 할 수 있다. 만약 내가 사주에 財星(재성)이 약하다고 했을 때를 예시로 들어 보도록 하자. 재성은 크게는 재물을 의미하지만, 구체적으로는 정리 정돈, 설계 능력, 나를 다스리고 가늠하는 능력, 계획성 있게 돈이나 사물을 정리 정돈하는 습성을 의미한다고 볼 수 있다.

본인이 이러한 능력이 약하다고 인지된다면 후천적으로 조금씩 여유를 가지고 부족한 잠재역량을 발전시켜 나가는 것을 의미한다고 볼 수 있다. 그럼 이러한 오행의 부재에 따라 각자가 부여하는 성향을 통해 자세하게 논해 보도록 하자.

- 오행의 원리

① 比劫(비겁) ─ 자존성과 경쟁성

② 印星(인성) ─ 수용성, 인지 능력, 자아발견, 현실성, 인정

③ 官星(관성) ─ 도덕성, 배려심

④ 財星(재성) ─ 수리적인 감각, 돈의 흐름, 설계 능력, 정리정돈

⑤ 食傷(식상) ─ 나만의 노하우, 개성, 연구 능력

① 比劫(비겁)의 부재

비겁이란 자존성 및 경쟁성을 의미하며 만약 나의 日干(일간)이 木(목)인 경우 年(년), 月(월), 日(일), 時(시)를 확인하여 봤을 때 일간을 제외한 각 주에 목이 존재하지 않는 경우를 의미한다. 즉 나와 같은 동족이 존재하지 않음을 의미하며 같은 경쟁자, 형제, 친구, 동료 등이 해당한다고 볼 수 있다.

내가 자존성이 없다면 진정한 경쟁자나 친구, 동료를 가려내는 인용술이 떨어질 수 있음을 의미하며, 결정적인 순간에 나의 의견을 펼쳐나가는 지략이 약할 수 있다는 것을 의미한다. 즉 내가 자존성이 강하다면 나의 의견을 확고하게 밝혀 주위 사람들의 도움을 얻을 수 있을 것이고 그렇지 못하다면 결국 남이 하자는 대로 따라 하게 됨으로써 방향감각을 상실할 수 있음을 의미한다고 볼 수 있다.

예시

正印　丙申　傷官

傷官　庚寅　正官

　　　己巳　正印

正財　壬申　傷官

　일간이 己(기)임으로 토의 성향을 가진 사주라고 할 수 있다. 즉 일간을 제외한 각 주에 토가 존재하지 않아 比劫(비겁)의 부재가 있는 사주라고 할 수 있다.

② 印星(인성)의 부재

　印星(인성)은 배우고 익히는 수용성 및 인지 능력을 의미한다고 볼 수 있다. 즉 여기서 말하는 수용 능력이란 공부에만 국한된 것이 아니라 인간이 살아가는 데 필요한 윤리나 규범, 주의 깊게 사물을 인지하고 배우려는 자세 또는 사주에 형, 충, 파, 해가 있는 경우 이것을 인지하고 반성해 나가는 자세를 의미한다고 볼 수 있다.

　만약 일간이 목인 경우 일간을 제외한 각 주에 나를 생하여 주는 水(수)가 존재하지 않는다면 인성의 부재라고 볼 수 있다. 인성이 부재하다면 나의 성향이나 관념들을 제대로 인지하지 못하고 주위 사람들을 원망하거나 미워할 수 있으며 자기 성찰을 제대로 할 수 없게 된다. 물론 후천적으로 인성의 부재를 인식하고 노력을 통해 상황을 얼마든지 개선할 수 있다.

예시

正官　戊辰　正官
傷官　甲寅　傷官
　　　癸巳　正財
偏官　己未　偏官

일간이 癸(계)임으로 水(수)의 성향을 가진 사주라고 할 수 있다. 즉 일간을 제외한 각 주에 일간을 생하여 주는 金(금)이 존재하지 않아 印星(인성)의 부재가 있는 사주라고 할 수 있다.

③ 官星(관성)의 부재

官星(관성)은 도덕성 및 배려하는 마음, 상황에 따른 인간관계를 통하여 상대방을 관망해 나가는 능력을 의미한다. 만약 일간이 木(목)인 경우에 일간을 극하는 金(금)이 관성이 되며 이것이 일간을 제외한 각 주에 존재하지 않는다면 관성의 부재라고 할 수 있다. 관성이 사주에 부재한다면 도덕심이나 남을 배려하는 마음이 약할 수 있으며 이러한 성향들이 더 커지게 된다면 나의 위신을 지키려는 성향이 약하게 될 수 있음을 의미한다고 볼 수 있다.

예시

劫財　辛亥　食神

正印　己亥　食神

　　　庚申　比肩

偏財　甲申　比肩

일간이 庚(경)이므로 金(금)의 성향을 가진 사주라고 할 수 있다. 즉 일간을 제외한 각 주에 일간을 극하는 火(화)가 존재하지 않아 官星(관성)의 부재가 있는 사주라고 할 수 있다.

즉 인성이 없다면 관을 중시하여 인간관계나 상황파악을 하는 습성을 익히게 되면 관생인의 원리에 의해 관의 열매인 인이 생성된다고 볼 수 있다. 반대로 관성이 사주를 토대로 하여 부재하다면 인성을 토대로 하여 인성의 뿌리인 관성이 드러난다고 할 수 있다.

④ 財星(재성)의 부재

財星(재성)은 수리적인 감각, 돈의 흐름, 설계 능력, 정리정돈을 의미하며 가지고 있는 안정된 재화나 자신을 중심으로 봤을 때 외부적인 요건을 깔끔하게 정리해 나가는 성격의 소유자가 여기에 해당된다고 할 수 있다. 만약 일간이 木(목)인 경우에 일간이 극하는 土(토)가 재성이 되며 이것이 일간을 제외한 각주에 존재하지 않는다면 재성의 부재라고 할 수 있다.

正官　辛酉　正官

偏官　庚子　正印

　　　甲申　偏官

傷官　丁卯　劫財

　일간이 甲(갑)이므로 木(목)의 성향을 가진 사주라고 할 수 있다. 즉 일간을 제외한 각 주에 일간이 극하는 土(토)가 존재하지 않아 財星(재성)의 부재가 있는 사주라고 할 수 있다.

⑤ 食傷(식상)의 부재

　食傷(식상)은 나만의 노하우나 개성, 독특한 연구 능력, 언변 기술 등을 통틀어 얘기한다. 즉 남들과 경쟁하기 위해서 식상은 재물 창고와 필요 불가분 관계라고 할 수 있으며 내가 가지고 있는 아이디어가 노후를 살아가는 데 커다란 밑거름이 된다는 의미를 담고 있다. 만약 일간이 木(목)인 경우에 일간이 생하여 주는 火(화)가 식상이 되며 이것이 일간을 제외한 각 주에 존재하지 않는다면 식상의 부재라고 할 수 있다. 식상이 사주에 부재한다면 식생재의 원리에 의하여 재물창고가 약하다고 해석할 수 있다.

⑥ 식생재의 원리란?

일간이 木(목)인 경우 일간을 극하는 土(토)가 재성이 되며 일간이 생하여 주는 火(화)가 식상이 된다. 여기서 土(토)인 재성을 생하여 주는 뿌리는 火(화)의 식상이 되기 때문에 재의 뿌리는 식상이라는 원리를 담고 있는 이론이다.

예시

偏財 庚子 正財

比肩 戊子 正財

　　　戊子 正財

偏財 壬戌 比肩

일간이 戊(무)이므로 土(토)의 성향을 가진 사주라고 할 수 있다. 즉 일간을 제외한 각 주에 일간이 생하는 金(금)이 존재하지 않아 食傷(식상)의 부재가 있는 사주라고 할 수 있다.

즉 사주 오행의 부재를 토대로 하여 내가 후천적으로 무엇을 보완해야 하는지를 확인해 나갈 수 있으며 부족한 부분을 메워 나가기 위해서는 장기적인 안목을 토대로 하여 목적을 정한 뒤 나에 대한 성찰이 이루어졌을 때 조금씩 변화됨을 의미한다고 볼 수 있다.

5-2. 오행의 부재에 따른 궁합적인 사고

그렇다면 오행의 부재에 따른 사주를 확인해 보고 광의적인 사고와 협의적인 사고를 토대로 하여 분석해 나가보도록 하자.

① 광의적인 사고

예시

正官	戊辰	正官
傷官	甲寅	傷官
	癸巳	正財
偏官	己未	偏官

위의 사주는 寅巳 刑殺(인사 형살)이 존재하여 驛馬(역마)적 기질을 통한 본인의 정신적, 물질적 손해를 감지하고 있다고 볼 수 있다. 이러한 현실의 어려움은 사주의 인성을 통하여 극복해 나갈 수 있는데, 사례자는 인성의 부재로 인하여 자신의 부족한 면을 개선하지 못하고 지속적으로 부정적인 감각에 사로잡혀 있는 중이라고 한다.

즉 사주의 오행 중 金(금)이 印星(인성)으로서 작용하며 자신의 부족한 부분을 인식하고 다른 사람의 의견을 수용하려는 적극적인 자세가 필요하다고 볼 수 있다.

② 상대방과의 협의적인 사고

예시

正印　丙申　傷官

傷官　庚寅　正官

　　　己巳　正印

正財　壬申　傷官

위의 사주와 협의적인 관점으로 궁합을 분석해 봤을 때 월, 일지에 아무런 형, 충, 파, 해는 존재하지 않지만, 상대방 사주 역시 역마 형살의 작용이 강하여 서로 정신적, 물질적인 손해는 있을 수 있음을 의미한다. 하지만 상대방 사주에서는 金(금)의 오행이 존재하고 있어 癸巳(계사) 입장에서는 충분한 인지작용을 바탕으로 본인의 부재 부분을 극복할 힘이 생긴다고 해석할 수 있다.

만약 상대방 사주의 印星(인성), 즉 金(금)이 부족하다고 해서 궁합이 나쁘다고 단정 지을 필요는 없으며, 나의 오행의 부재가 상대방에게도 존재하고 있지 않다면 본인 스스로 경험과 노하우를 찾아 극복해 나가면 되는 것이다. 이것이 오행의 부재에 따른 궁합적인 사고의 핵심이라고 볼 수 있다.

5-3. 정편에 의한 부재 구분과 식상에 의한 부재 구분

정편에 의한 부재 구분은 정편에 의한 구분을 먼저 설명한 다음 원리를 맞추어 나갈 수 있다. 즉 정편의 구분이란 일간을 기준으로 하여 오행의 구분 없이 음양의 기준만 내세워 그 사람의 성향을 파악하는 것을 의미한다고 할 수 있으며, 정편에 의한 구분은 다음과 같이 이론화시킬 수 있다.

- 정편의 구분
- 正(정): 원리 원칙에 입각한 사고방식, 전통을 숭배하고 그 틀에 맞추어 행동하는 것을 추구함. 지구력이 좋아 무엇이든지 인내하고 상황을 버텨 나가는 성향이 강하다고 할 수 있다.
- 偏(편): 개혁적이고 모험적이며 새로운 사고방식을 추구해 나가는 스타일이라고 할 수 있다. 상황을 파악하는 눈치가 빠르며 순발력이 강하다고 할 수 있다.

그럼 여기서 正(정)의 과다가 있을 시 편의 부재로 이어질 수 있음을 의미하며 편의 과다는 정의 부재가 있을 수 있음을 의미한다고 해석할 수 있다. 그럼 이제부터 정편을 구분하는 데 있어 정의 부재와 편의 부재에 대하여 자세히 알아보도록 하자.

① 정편의 부재 구분

정의 부재

正(정)의 부재는 偏(편)의 과다 또는 食神(식신)의 과다, 比肩(비견)의 과다 등의 다른 말로 표현할 수 있다. 여기서 食神(식신)은 六神(육신) 중에서 표출 방식이 다른 의미를 담고 있다. 예외적인 분리법으로 해석해 나가도록 하며 비겁은 다소 정편의 구분에 있어 의미부여가 크지 않으므로 제외하도록 하겠다.

그럼 正(정)의 부재는 편의 과다가 있을 수 있으며 편의 과다는 다소 현실성을 추구하기보다는 이상적인 면을 더욱더 추구하여 허상만 보게 되는 우를 범할 수 있다. 또한 상대방 입장에서 생각하고 맞추어 나가기보다는 자신의 직감을 더 우선시하는 성향을 가지고 있다고 할 수 있다. 즉 편의 성향인 개혁적이고 모험적인 스타일이 인간관계를 맺게 된다고 해석해 나갈 수 있다.

» 광의적 사고

예시

偏財　甲子　傷官
偏印　戊辰　偏印
　　　庚辰　偏印
劫財　辛巳　偏官

경진의 괴강살과 진진의 자형살이 맞물려 자신의 성향을 굽히지 않고 고집으로 모든 일을 처리해 나갈 가능성이 크다고 할 수 있다. 즉 십성을 제외한 신살 론과 형살에 의해서도 이러한 성격이 발현된다고 할 수 있으며, 정편 구분 중에서도 정의 부재가 형성되어 있기 때문에 자신의 직감대로 사물을 보고 판단하는 성향이 더 가중되어 나간다고 해석할 수 있다.

즉 본인의 인지를 통하여 정의 부재를 알아차려야 하며 이것을 토대로 전통방식을 수용하려는 마음가짐이 중요하다고 할 수 있다. 즉 후천적으로 본인의 습성을 통한 정의 부재를 고쳐나가는 중이라고 한다.

편의 부재

偏(편)의 부재는 正(정)의 과다 또는 傷官(상관)의 과다, 劫財(겁재)의 과다 등으로 달리 표현할 수 있다. 여기서 傷官(상관)은 표출 방식이 육신 중에서 다른 의미를 담고 있어 예외적인 분리법으로 해석해 나가도록 하겠다. 겁재는 정편의 구분에 의미 부여가 크지 않으므로 제외하도록 하겠다.

偏(편)의 부재는 정의 과다가 있을 수 있다. 정의 과다는 고리타분하여 상황에 따른 임기응변이 약할 수 있으며 모험심이 적어 발전성이 없다는 단점을 가지고 있다. 또한, 전통 방식에 의하여 학문을 습득하고 배워 나가는 특징이 있기에 창조성을 요하는 직업이나 인간관계는 맞지 않을 수 있다.

» 광의적 사고

예시

正財　乙未　正印
食神　壬午　正官
　　　庚午　正官
食神　壬午　正官

일간 庚(경)의 기질을 토대로 의리를 중요시하고 뒤끝 없이 인간관계를 형성해 나가는 면모가 강하다고 할 수 있다. 월, 일지의 午午(오오) 자형살이 성립되어 이러한 성향이 다소 고집으로 보여 손해를 볼 수 있다는 의미를 담고 있다.

모든 일을 원리 원칙에 따라 처리하려는 성향은 편의 부재로 인한 손해로도 이어질 수 있다는 것을 의미한다. 상황에 따라 융통성을 발휘해야 하지만 원리 원칙에 따라 일을 처리하고 인간관계에서도 그러한 성향이 발현되기 때문에 제삼자의 입장에서 봤을 때는 다소 고리타분한 사람으로 비칠 수가 있다. 즉 편의 부재를 인식하여 상황에 따른 적절한 타협도 중요함을 스스로 깨달아야 한다고 볼 수 있다.

» 협의로 보는 궁합적인 사고

만약 위의 두 사주를 궁합적으로 분석해 보면 정의 부재를 가지고 있는 사주는 편의 부재를 가지고 있는 사람을 통해 정의 부재를 인식하고 후천적으로 변할 수 있는 개선의 여지가 있다고 볼 수 있다. 반대로 편의 부재 사주를 가진 사람은 정의 부재를 가진 사람을 통하여 편의 습성을 배우고 익혀 나갈 수 있음을 의미한다.

즉 월, 일지에 아무런 형, 충, 파, 해가 존재하지 않아 서로의 부재를 통해 극복해 나갈 수 있음을 의미한다.

② 식상에 의한 부재 구분

정편의 구분과 비겁을 제외하고 식신과 상관, 즉 두 개의 육신으로 인간관계 및 잠재역량을 분석해 나가는 것을 식상에 의한 구분법이라고 할 수 있다. 십성의 표출법을 먼저 익힌 다음 식신과 상관의 부재를 확인해 나갈 수 있다.

만약 사주를 십성으로 나누어 봤을 때 일간이 생하여 주는 오행이 음과 양이 같은 식신만 존재할 시 상관의 부재라고 할 수 있으며 음과 양이 다른 상관만 존재한다면 식신의 부재라고 표현할 수 있다. 이러한 구분법을 합쳐 식상에 의한 부재구분이라고 정의할 수 있다.

식신 부재 사주

예시

偏官	辛酉	偏官
傷官	丙申	正官
	乙酉	偏官
劫財	甲申	正官

» **광의적인 사고**

위의 사주는 식신의 부재로 인하여 사물을 분해하고 관찰하는 연구적인 감각은 둔하다고 볼 수 있다. 즉 상관을 통한 표현 지능이 뛰어나 학문을 이론으로 접목화시키고 다른 사람에게 자기 생각을 표출하는 역량은 강하지만, 이러한 것들을 마이스터적인 감각으로 만들 나가기에는 무리가 따른다고 할 수 있다. 물론 강점 지능을 추구해야겠지만, 상황(situation)에 따른 연구적인 감각도 생길 수 있는 문제이기 때문에 본인이 그것을 자각하고 꾸준히 연마하려는 연습도 필요하다고 볼 수 있다.

상관 부재 사주

예시

正印　癸未　正財

食神　丙辰　偏財

　　　甲戌　偏財

正官　辛未　正財

» **광의적인 사고**

위의 사주는 식신이 월간에 자리 잡고 있으며 전체적으로는 상관이 부재 되어 있는 사주라고 할 수 있다. 즉 사물을 분해하고 연구하려는 마이스터적인 감각은 뛰어날 수 있지만, 그것을 정리하여 표현하는 기술은 부족할 수 있음을 의미한다.

자신이 가지고 있는 장기나 기술을 발휘해 나가되 나름대로 정리를 하고 말로 표현하려는 연습이 필요하다고 볼 수 있으며 본인 스스로 상관이 부재한다는 것을 인식할 필요가 있다.

협의로 보는 궁합적인 사고

위의 식신 부재와 상관 부재가 만나 서로의 성향을 맞추어 나간다고 가정했을 때, 식신 부재의 사주를 가진 사람은 상관 부재의 사주를 가진 사람을 통해 자신이 갖지 못한 부재를 확인하고 도움을 받아 부족한 부분을 메울 수 있다. 또한, 상관 부재 사주를 가진 사람은 자신의 부족한 부분을 식신 부재를 가진 사람을 통해 메워 나갈 수 있다.

이것은 상생해 나갈 수 있다는 것을 의미하지만, 서로의 일지 간에 酉戌(유술)이라는 해살이 작용하여 성향을 맞추어 나가기까지는 시행착오를 겪을 수 있음을 암시한다고 해석할 수 있다.

5-4. 정편을 통한 십성의 부재 분석

사주의 육신은 비겁, 인성, 재성, 관성, 식신, 상관 총 여섯 개를 토대로 분석해 나가며, 정편의 구분에 의해 육신을 십성으로 펼쳐 해석한다. 즉 십성의 비겁은 비견과 겁재, 인성은 정인과 편인, 재성은 편재와 정재, 관성은 편관과 정관 그리고 식신과 상관 총 열 가지를 가지고 있으며 정편의 구분에 의한 특징을 육신에 대입시켜 의미를 부여해 나간다고 할 수 있다.

그렇다면 이러한 십성을 정편의 의미에 부합시켜 사주를 분석할 때, 부재가 있을 시 어떻게 해석할 수 있는지를 확인해 보도록 하자.

① 부재 시

- 정인: 기억능력이 떨어져 정리정돈을 하는 능력이 취약할 수 있으며 배우고 메모하려는 습득 능력이 약할 수 있다. 또한, 상황을 인지하고 반성하려는 자세가 약할 수 있다.
- 편인: 상황에 따른 전문적인 분야의 수용 능력이 떨어지며, 자신의 것만 고수하다 보니 주위 사람들의 마음을 헤아려주지 못한다.
- 비견: 자신의 성향을 파악하고 인정하려는 습성이 약하여 독단적으로 사고하는 습성이 생겨날 수 있다. 즉 자존감이 떨어져 사물을 편협한 방식으로 볼 가능성이 크다. 또한, 인간관계에서 우유부단한 면모가 보여 존재감이 약하다고 할 수 있다.
- 겁재: 경쟁성과 존재감이 부족하며 결정적인 순간에 자신의 생각을 잘 표출하지 못한다. 비견과 마찬가지로 우유부단한 면모가 보인다고 할 수 있다.
- 식신: 상황에 따른 기술적 감각이 약하여 상대방과의 대화나 화술이 떨어질 수 있다.
- 상관: 자신의 생각을 명확하게 표현하는 대화법이 약하다고 할 수 있다. 또한, 멋을 부리는 데있어 감각이 둔하다고 할 수 있다.
- 정재: 자신의 물건을 꼼꼼하게 점검하는 습성이 약할 수 있으며 계획적이고 안정적으로 돈을 벌어들이려는 사고가 약할 수 있다. 현실적인 이득이나 상황을 잘 파악하지 못할 수 있으며, 세심함이 약할 수 있다.

- 편재: 상황에 따른 수리적인 능력과 가치 판단력이 약하여 고지식하게 일을 진행할 수 있으며 자신이 하는 일에 대한 안정적인 기분이 다소 떨어질 수 있다.
- 정관: 상대를 배려하는 성향이 약할 수 있으며 원리 원칙을 준수하고 나의 마음을 스스로 절제하려는 자세가 약할 수 있다.
- 편관: 상대를 배려하고 협동하는 상황에서 결단력 있게 일을 수행하지 못하여 주위의 원성을 살 가능성이 있다.

위와 같이 오행을 음양 토대로 하여 구분하고 정편의 해석에 따라 육신의 의미를 부여해 나간다고 해석할 수 있다. 이것을 십성이라고 하며 사주를 분석할 때는 십성의 열 가지 중 최대한 일곱 가지만 그 사람의 고유 관념에 존재할 수 있다는 것을 알 수 있다. 즉 십성의 부재를 통해 알 수 있는 것은 인간은 선천적으로 완벽할 수 없다는 것이며, 후천적으로 개인의 의지에 따라서 조금씩 보완해 나갈 수 있음을 의미한다.

그렇다면 이러한 십성의 부재는 어떠한 노력에 의해 발현되어 나갈 수 있을까? 본인이 부족한 십성 중 현실적으로 도모해야 할 하나의 과제를 정하고 장기적인 안목을 갖고 후천적으로 노력해야 한다고 볼 수 있다. 즉 적응성을 몸 안에서 익혀나가는 것이 중요하며 이것이 십성의 부재를 통한 극복 방법이라고 정의할 수 있다.

② 십성의 부재를 통한 극복 방법 6단계

나에 대한 포괄적인 관망 → 정편의 구분에 따른 나의 위치 → 현실적으로 필요한 십성을 하나의 과제로 정함 → 십성을 통한 목적을 정함 → 장기적인 안목을 토대로 하여 나의 모습을 관망 → 후천적인 습득과 경험을 토대로 하여 하나의 가치관을 형성시킴

여기서 나에 대한 관망은 사주를 토대로 하여 분석해 나갈 수도 있고 내가 살아온 방식이나 고정 관념을 토대로 분석할 수도 있다. 즉 구체적인 정편 구분에 의해 나의 위치를 관망할 수 있다.

그다음 내가 현실적으로 필요한 십성의 부재를 선택하여 단기적으로 무엇을 얻으려고 하기보다는 장기적인 훈련을 목표로 두고 꾸준하게 연마를 해 나가야 한다. 다소 실패가 많다고 하더라도 인간관계나 잠재역량, 사회생활에서 하나의 경험이자 인생을 살아가는 데 부족한 나의 생각을 채워줄 지표로 삼으면 될 것이다.

그렇다면 사주 예시를 토대로 십성에 따른 부재를 어떻게 극복해 나가야 하는지를 궁합적인 사고에 토대를 두고 해석해 나가보도록 하자.

劫財　乙丑　正財

正官　辛巳　食神

　　　甲子　正印

正財　己巳　食神

정편에 의한 구분(잠재역량)

위의 甲子(갑자)의 기질을 가진 사주는 정이 전체적으로 편중되어 있어 편의 부재가 있는 사주라고 할 수 있다. 즉 고정적인 측면에서 사물을 보고 답습하며 학문적인 기교보다는 기존의 존재하는 학습적인 면을 토대로 하여 꾸준한 지구력을 배양해 나간다고 해석할 수 있다.

위의 사례자는 현재 피아노학을 전공하여 성당에서 피아노를 치고 있으며 각종 대회에서 반주를 도맡아 하고 있다. 하지만 편의 부재로 인하여 새로운 음악, 작곡 등을 창작하는 데는 무리가 있다고 하며 기존의 음악 활동을 통하여 자부심을 가지고 본인의 일에 최선을 다하고 있다고 한다.

하지만 본인 스스로가 창조성을 바탕으로 무엇을 해봐야겠다는 생각이 든다면 십성의 부재를 통한 극복 방법 6단계를 토대로 하여 나의 현시점을 직시해 나갈 수 있다.

- 십성의 부재를 통한 극복 방법 6단계

- 1단계: 나에 대한 포괄적인 관망

  원래 나는 고정적인 면만 중요하게 여기고 그 외적인 부분이 취약함을 인정하는 것이 중요하다.

- 2단계: 정편의 구분에 따른 나의 위치

  이것은 편의 부재라고 인식할 필요가 있으며, 원래 나는 고정적인 면만 중요시하고 그 외적인 부분이 취약함을 인정하는 것이 중요하다.

- 3단계: 현실적으로 필요한 십성을 하나의 과제로 정함

  예전에 경험했던 음악만을 추구하지 않고 새로운 창조 활동을 하려고 한다면 창조성을 기를 수 있는 사고적 지능을 담당하는 편인과 상관의 부재를 인식할 필요가 있다.

- 4단계: 십성을 통한 목적을 정함

  그럼 점차적으로 필요한 창조성을 기본바탕으로 한 교재나 책등을 토대로 하여 분석해 나갈 수 있으며 직접적인 교수의 조언을 구하여 실질적인 경험을 쌓아갈 수 있다. 만약 교수의 잔소리나 선배의 엄격함이 두렵다고 생각되면 상대방과 나와의 관계를 하나의 단면적 관계로 인식할 필요가 있다. 즉 나만의 신념을 분리된 상태에서 냉정하게 보고 판단해 나가는 연습이 필요하다고 볼 수 있다.

- 5단계: 장기적인 안목을 토대로 하여 나의 모습을 관망

  조급하게 무엇을 이루려고 하기보다는 최소 3년 이상은 갈고 닦는다는 마인드로 임해야 할 것이다.

– 6단계: 후천적인 습득과 경험을 토대로 하나의 가치관을 형성시킴

선천적인 십성의 부재를 통하여 후천적으로 갈고 닦음을 하나의 경험
이자 노하우로 받아들일 필요성이 크며 실패를 두려워하여 소심하게
행동할 필요는 없다. 그렇게 된다면 장기적인 결과를 통해 확고한 나
만의 가치관이 형성될 것이다.

정편에 의한 구분(인간관계)

잠재역량이 한 단계 높아졌을 때 인간관계를 통해서도 발현된다. 위
의 사주를 정편으로만 구분하여 설명하자면 눈치나 상대방의 속마음
을 확인하여 인식하기보다는 본인의 사고에 뒷받침되어 보이는 것만
실제적 사실로 믿어 버리는 습성이 강하다고 볼 수 있다. 즉 고지식한
부분이 편의 부재로 발현되어 있다고 해석할 수 있다.

그럼 대화를 통한 예시를 들어 위의 사주 구조, 즉 甲子(갑자) 여성의
인간관계 구조를 분석해 보도록 하자.

예시

남: (꽃다발 주며) 너에 대한 호감이 있는 거 같아! 우리 한번 사귀어 볼
까?

여: (크게 웃으며) 지금 제정신이야? 나는 너를 이성으로 한 번도 생각
해 본 적 없어.

남: (의아해하며) 너도 나에게 관심 있는 거 아니었어? 내가 만들어 주
는 빵을 너는 항상 좋아했고 나랑 나들이 가는 것도 좋아했잖아.

여: (인상을 찌푸리며) 그건 편한 친구라서 그랬던 거밖엔 없어.

남: 그럼 내가 아무런 의도나 생각도 없이 너에게 빵도 주고 맛있는 것도 사줬겠니? 너 그렇게 눈치가 없어?

여: 몰라. 나는 그냥 너를 친구로만 생각했고 현재 좋아하는 사람도 따로 있어.

남: (체념한 듯 고개를 숙인다)

여: 그래도 친구는 계속해줄 수 있지?

위의 대화를 분석해 보면 남자는 여자인 갑자에게 나름대로 호감을 세세하게 표현했을 것이고 그것에 대한 甲子(갑자)인 여성은 전혀 감지하지 못했을 가능성이 크다. 즉 편의 부재로 인하여 그 사람의 단면만 보고 인간관계를 맺었을 가능성이 있으며 상황에 따른 상대방의 속마음을 간과하지 못했을 가능성이 크다.

그럼 이러한 성향을 가진 사람들은 어떠한 궁합적인 사고를 통하여 마인드를 개선하고 대처할 수 있는지 십성을 토대로 하여 분석해 보도록 하자.

» 나에 대한 포괄적인 관망

갑의 성향으로 봤을 때는 항상 최고가 되어야 한다는 생각에 사로잡혀 있으며 그것이 또 다른 나의 강박관념으로 작용할 수도 있다. 즉 일간을 토대로 한 십성 분석으로 알 수 있는 것은 그러한 강박관념이나 생각을 고정 지식을 토대로 배우고 익힘으로써 나의 자존감을 드높이려는 성향이 강하다고 해석할 수 있다.

하지만 인간관계에 있어 상황에 따른 관계나 심리를 파악하려는 성향이 떨어질 수 있으며 직관적인 마음을 통해 결단력 있게 상대를 포용하려는 성향이 약할 수 있다.

» 정편의 구분에 따른 나의 위치

고정적인 인간관계나 그것을 받아들이는 입장에서 단면만 보고 있다고 생각된다면 편의 부재가 있다는 것을 인식할 필요가 있다. 상황에 따른 상대방의 마음이나 심리를 간접적인 책이나 실질적인 연인, 제삼자의 인간관계를 토대로 경험할 수 있다.

» 현실적으로 필요한 십성을 하나의 과제로 정함

십성 중 인간관계에 있어 중요한 것은 그 사람의 행위나 언행을 통하여 간파해 나갈 수 있는 편인과 편관이다. 편인의 부재 시 나타날 수 있는 마인드와 편관의 부재 시 나타날 수 있는 마인드를 스스로 분석해 보고 인간관계에서 하나의 디딤돌로 삼아 적극적으로 관계를 맺어 나갈 수 있다.

» 십성을 통한 목표를 정함

십성의 부재를 하나의 목표로 정하되 실패가 두려워 인간관계의 소심한 면을 드러내거나 상처로 받아들일 필요는 없다. 즉 하나의 경험을 통해 상대방의 마음과 행동을 통계적으로 분석할 수 있다.

» 장기적인 안목을 토대로 나의 모습을 관망

여러 가지 실패를 하나의 장기적인 안목을 토대로 분석해 나갈 수 있으며 이것을 재차 반복하여 인간관계를 맺을 시 나의 부족한 부분을 직시하고 고쳐나갈 수 있다.

» 후천적인 습득과 경험을 토대로 하여 하나의 가치관을 형성시킴

즉 이러한 과정을 통하여 후천적으로 내가 부족한 부분이 무엇이었는지를 자각하게 되며 상대를 친구로 대할 때와 연인으로 대할 때의 기준점이 확고하게 생긴다고 할 수 있다.

5-5. 십성의 부재를 통한 자기 판단력

십성의 부재를 통해 잠재역량과 인간관계에 부족했던 부분들을 스스로 자각하고 행동으로 옮겨가기 위해 여러 가지 경험을 토대로 분석해 볼 수 있다. 여기에는 자신이 하는 일에 대한 합리성과 불합리성을 알아내는 자기 판단에 의해 이러한 모든 과정들이 결정된다.

즉 이것은 習(습)을 통해 이루어지며 십성의 부재를 적응하고 판단하는 것에 있어 어떻게 위기를 극복해 나가는지 알아보자.

- 십성의 부재를 통한 자가 판단력의 방법

(1) 나의 성향을 관망

(2) 상대방과 관계 시 나의 부족했던 사고 능력을 분석

(3) 부재한 십성의 적응 능력을 키움

(4) 습을 통해 자기 판단력을 키움

   십성을 통한 자가 판단력은 習(습)을 통하여 스스로 깨닫고 반성을 해 나가는 것이다. 이러한 경향들은 후천적으로 발현될 가능성이 높다. 습은 배운 것을 그냥 배운 것으로 그치는 學(학)의 의미와는 달리 내가 주체가 되어 충분한 깨달음을 얻어나가는 과정으로 정의할 수 있다. 그렇다면 이러한 과정들이 어떠한 식으로 발현되어 나가는지를 사주를 토대로 분석하여 보도록 하자.

예시

劫財　癸亥　比肩

傷官　乙卯　傷官

　　　　壬戌　偏官

偏官　戊申　偏印

광의적인 사고

   전체적으로 십성이 월지에 상관이 있고 편으로 편중되어 있어 변덕이 심하고 생각이 많은 것이 특징이다. 이러한 성향들이 인간관계에서 다소 불안정적으로 상대를 대하기 때문에 자신의 마음이 고정적일 수

없다. 일주 壬戌(임술)의 기질을 통해서도 충분히 설명 가능하며, 마음을 제대로 비우고 상대를 관망하려는 자세가 필요하다고 볼 수 있다.

즉 正(정)의 부재가 강한 사주라고 할 수 있으며, 전통방식에 의하여 사물을 보고 답습해 나가는 사고가 약하다고 판단된다. 이러한 성향 분석을 토대로 나의 잠재역량이나 인간관계는 항상 불안정적일 수밖에 없다는 것을 스스로 관망할 필요가 있다.

자신의 성향을 반성하고 부족했던 십성을 통하여 正(정)의 부재를 극복할 수 있다는 점을 염두에 두고 위의 사주를 가진 사람이 침착한 태도로 상대를 진실 되게 보려는 상황에 놓여 있다고 가정해 보자. 상대를 진실하게 바라보기 위해서는 正財(정재)와 正官(정관), 正印(정인)의 부족한 면을 파악하여 자신을 돌아보고 상대에 접근해 나갈 수 있다.

- 습을 통한 자신의 부재 판단력
  - 정재의 부재: 상대의 세심한 부분을 챙겨 보려는 노력이 필요하다.
  - 정관의 부재: 나의 감정을 절제하려는 노력이 필요하며 이것은 명상이나 음악, 자기계발서, 종교 활동을 통해 충분히 극복할 수 있다. 그렇게 된다면 상대를 배려하는 마음이 생기며 절제를 익히게 된다고 할 수 있다.
  - 정인의 부재: 본인의 성향을 토대로 자신의 강점인 지능은 발휘해 나가고 인간관계 경험을 통해 부재 부분은 적극적으로 자각해 나간다.

상대방의 사주를 통한 협의적인 사고

예시

正官　甲子　偏財

劫財　戊辰　劫財

　　　己巳　正印

食神　辛未　比肩

위의 壬戌(임술)과의 궁합적인 맥락으로 분석해 봤을 때 일지의 巳戌(사술), 즉 怨嗔殺(원진살)이 성립이 되며 월지의 卯辰, 害殺(해살)이 성립된다.

즉 임술 입장에서는 기의 섬세함이 예민함으로 느껴질 수 있으며 월주의 劫財(겁재)가 다소 부담이 될 수 있다. 또한 己巳(기사) 입장에서는 壬戌(임술)의 正(정)의 부재로 인한 단점이 눈에 들어와 갈등을 일으킬 수 있다.

전체적인 맥락

사주에 형, 충, 파, 해가 있다고 해서 연애와 결혼 문제를 단정 지을 수는 없다. 만약 서로 호감이 생겨 연애하고 결혼을 결심한다면, 그것은 그들이 부재 부분을 각인하여 고쳐 나갈 문제이지 상대방과의 궁합이 나쁘다고 하여 미리 단정 지어 버리고 상대를 편협 된 방식으로 볼 필요는 없는 것이다.

이것은 각종 신살 론, 오행의 부재, 정편 구조, 십성의 부재를 통해 나를 먼저 돌아보고 상대와 갈등이 발생했을 때는 분석을 통한 경험적 지식으로 나를 바꾸어 나가면 되는 것이다. 여기서 임술 사주에는 월, 일지의 묘술합화가 있어 충분히 나의 부족한 부분을 극복해 나갈 수 있다고 판단된다.

부모 입장에서 궁합을 본다면?

(1) 자식의 성향을 관망
(2) 대화를 통한 조언, 격려와 칭찬
(3) 자생할 수 있다는 믿음을 조성
(4) 부재가 보인다면 참조할 사항만 조언해 줌

두 사람의 궁합을 부모의 입장에서 극단적으로 안 좋게 보고 반대할 필요는 없다. 만약 역술가에게 두 사람의 궁합이 안 좋다는 극단적인 말을 들었다면 자식의 성향을 토대로 부재의 문제를 먼저 생각해 볼 필요가 있다.

그런 다음에 자식과의 대화를 통해 장점을 부각시키며 믿음을 조성해 주는 것이 필요하다. 즉 "난 널 믿어, 너는 이러한 부분이 강점이잖아."라고 충분한 칭찬과 격려를 해 준 다음 자식의 단점에 대해 참조될 사항만 간단하게 얘기하면 된다.

자식이 성인이라는 것을 인지하고 하나의 인격체로서 존중해 줄 필요가 있다. 즉 자식은 자신의 부속물이 아닌 하나의 권리와 의무를 내세울 수 있는 성인이기 때문에 스스로 자생할 수 있다는 믿음만 부모님이 보여주면 된다. 그럼 대화를 통한 예를 보도록 하자.

예시

부모: 너도 이제 결혼할 때가 됐는데 만나는 사람은 있니? 그때 만나 본
　　　사람은 별로야?

자식: 아직요. 잘 모르겠어요.

부모: 그래. 그건 네가 잘 알아서 할 문제지만, 그쪽에서는 너를 마음에
　　　들어 하는 눈치던데.

자식: 근데 뭔가 안 맞는 부분이 많은 거 같아 고민이에요.

부모: 어떻게 사람이 완벽할 수가 있겠니(대화를 통한 자식의 성향을 관
　　　망). 너도 성인인데 알아서 잘 판단하리라 믿는다(자생할 수 있는
　　　믿음 조성). 근데 너는 항상 우리에게 믿음을 주고 자기 일에 성실
　　　하게 임하는 모습이 너무 보기 좋아. (살며시 웃으며) 결혼 후에도
　　　항상 그런 믿음을 아내에게 줄 것 같아(대화를 통한 격려와 칭찬).

자식: (살며시 웃으며) 절 믿어줘서 고마워요.

부모: 근데, 상대의 단점만을 보고 너만의 방식대로 인연을 끊지는 않았
　　　으면 해. 너는 다 좋은데 감정 기복에 따라 상대를 보는 면이 있는
　　　것 같아. 그건 조금씩 생각을 바꿔 보는 것도 좋은 것 같은데 어떻
　　　게 생각하니?(부재의 참조사항 조언)

　자식의 부재가 보인다면 항상 장점을 칭찬해 준 다음에 넌지시 얘기
를 꺼내 보는 것이 좋은 방법이며 뒤에는 항상 자식의 의견을 물어보고
생각할 수 있는 여지를 주는 것이 필요하다.

6

편중된 사주의
인간관계 스타일

6-1. 旺相休囚死(왕상휴수사)의 이론과 편중된 사주

① 왕상휴수사의 이론

신강	중화	신약
비겁, 인성	식상	재성, 관성
(왕) (상)	(휴)	(수) (사)

사주에 월지를 중심으로 했을 때 전체적으로 인성과 비겁이 많다면 신강사주라고 할 수 있다. 신강사주는 어떠한 상황에 놓였을 때 나약해지지 않고 사물을 면밀히 분석, 파악하여 극복해 나가는 성향을 의미한다. 비겁은 경쟁성과 자존성을 의미한다고 볼 수 있다.

즉 주위의 여건에 굴하지 않고 상대방과 타협하지 않은 상태에서 정당한 경쟁을 펼쳐 나가는 의미를 담고 있으며, 상황이 다소 어렵더라도 냉철하게 상황을 직시하여 뻗어 나감을 의미한다고 볼 수 있어 가장 신강인 旺(왕)에 해당한다.

인성 또한 신강사주의 하나로, 자신을 생해 주는 오행이라고 볼 수 있다. 예를 들어 木(목)을 생하여 주는 것은 水(수)이다. 수의 기운을 받아 목이 더욱더 커지므로 신강사주라고 표현할 수 있다.

나를 생하여 주는 것은 학문적 성향, 조상, 부모의 덕이라고 해석할 수 있다. 어떠한 상황에 처했을 때 그것을 인식하여 냉철하게 판단하며 실행에 옮겨 나가는 뜻을 담고 있다. 그런 의미에서 인성은 신강사주라고 표현할 수 있으며 相(상)에 해당한다.

두 번째로 식상이 있는데 이는 중화된 사주라고 표현할 수 있다. 내가 주체가 되어 상대방을 생하여 주는 역할을 한다고 볼 수 있다. 즉 일간이 木(목)이라면 불을 적절하게 활용하기 위한 땔감의 용도로 이용된다. 내 몸이 설기가 되는 측면이 있기 때문에 신약사주가 아닌가 하고 생각할 수 있지만, 실제 사주를 감정하다 보면 재성과 관성보다는 강한 면모를 보이는 성향이 있기에 중화된 사주라고 표현할 수 있다. 즉 식상이 과다하다면 신약사주라고 표현할 수 있겠지만 십성이 조화를 이룬다면 중화된 사주라고 표현할 수 있으며 왕상휴수사의 중간인 休(휴)에 해당한다.

세 번째로 재성과 관성이 있는데 이는 신약사주라고 표현할 수 있다. 재성은 내가 상대방을 극함으로써 나의 몸이 설기가 되는 의미를 가지고 있다. 예를 들어 일간이 木(목)이라면 목이 자신의 본분을 다하기 위해서는 흙을 쳐야 한다는 것이다. 즉 나의 역할, 본분을 위하여 상대방을 극함으로써 나의 몸이 설기가 되는 것이다. 그러므로 이것은 왕상휴수사중에서 囚(수)에 해당한다고 볼 수 있다.

마지막으로 관성은 내가 일방적으로 객체가 되어 극함을 당하는 것을 의미하여 나의 존재가 강하게 치게 됨으로써 신약사주로 분류가 된다고 할 수 있다. 예를 들어 일간이 木(목)이라면 나를 극하는 것은 金(금)이 된다. 금을 통하여 나무가 극함을 당하기 때문에 신약사주라고 할 수 있으며 死(사)에 해당한다.

② 편중된 사주의 이론

육신이 과다한 경우를 기준점으로 삼으며 항상 넘치는 것은 모자라다라는 말이 있듯이 월지 중심을 떠나 과중하게 십성이 치중되어 있다면 편중된 사주라고 얘기할 수 있다. 예를 들어 일간이 木(목)인 경우 주위에 둘러싸여 있는 오행에 水(수)가 많다면 인성이 과중하게 많아 편중된 사주라고 할 수 있다.

편중된 십성의 성향과 기질

편중된 사주라고 하여 꼭 나쁜 기질만 발산되는 것은 아니다. 나름대로 장점을 부각시키는 면모도 강하게 나타날 수 있다. 때문에, 이를 발견하고 행동에 옮겨 나가는 것은 본인의 후천적인 감각에 의하여 발현된다고 할 수 있다.

그럼 각자의 십성이 편중되어 있을 때의 기질과 성향을 분석하여 광의적인 궁합적 성향을 분석하여 보고 상대방과의 협의적인 관계 또한 분석해 나가도록 하자.

» 비견(나와 같은 오행이면서 음양이 같은 경우)
- 장점: 왕상휴수사의 개념으로 분석하자면 충분한 신강사주의 기질을 가지고 있어 다른 사람의 이목에 끌려가기보다는 나 자신을 믿고 추진해 나가는 활동성을 보인다고 볼 수 있다.
- 단점: 너무 노골적으로 사물을 직시하여 앞뒤를 가리지 않고 행동하기 때문에 주위 사람들의 원성을 살 우려가 있다.

» 겁재(나와 다른 오행으로서 음양이 다른 경우)

- 장점: 비견의 장단점과 별반 차이가 없지만, 겁재는 비견보다 더욱더 활동적으로 나의 자신을 어필하려는 면모가 강하다고 볼 수 있다.
- 단점: 다소 저돌적이며 즉흥적으로 사람이나 사물을 대하려는 습성이 강하여 애정 풍파나 재물 손실이 클 수 있다.

» 편인(나를 생하여 주는 오행이면서 음양이 같은 경우)

- 장점: 사물을 직시하는 면이 남들보다 빠르다. 즉 감각이 발달했다는 의미를 지니며 상황에 따른 적응능력이 뛰어나다고 볼 수 있다.
- 단점: 약삭빠른 면이 강하여 상대방이 느끼기에 따라 부담감이 커질 수 있으며 싫증을 잘 느낀다는 단점을 가지고 있다.

» 정인(나를 생하여 주는 오행이면서 음양이 다른 경우)

- 장점: 수용 능력이 강하며 상황에 따른 나의 처지를 잘 돌아본다.
- 단점: 고리타분하고 고지식하여 상황의 변화를 잘 개선하지 못한다.

» 식신(내가 생하여 주는 오행이면서 음양이 같은 경우)

- 장점: 잠재역량이 잘 발휘만 된다면 자신만의 장기를 이용하여 현실 속에서 응용해 나갈 수 있다.
- 단점: 배우자를 강하게 치는 성향이 나타날 수 있으며 마음이 나약하여 자신의 성향이나 흐름에 맞지 않는다면 금방 포기해 버리는 습성이 생겨날 수 있다.

» 상관(내가 생하여 주는 오행이면서 음양이 다른 경우)

- 장점: 잔머리를 잘 굴려 나에게 이로운 쪽으로 만들어 나가는 술수가 있다.
- 단점: 잔머리가 장점이자 단점이 될 수 있으며, 실속 없고 말만 잘한다는 오명을 주위 사람들에게 남길 수 있다.

» 편재(내가 극을 하는 오행으로서 음양이 같은 경우)

- 장점: 프리랜서적인 감각과 상황에 따른 적응능력이 대단하다.
- 단점: 덕이 약할 수 있으며, 지구력을 통한 생산성보다는 편법이나 술수를 이용하여 돈을 벌어들이려는 성향이 있다.

» 정재(내가 극을 하는 오행으로서 음양이 다른 경우)

- 장점: 꼼꼼하고 설계능력이 있다.
- 단점: 구두쇠 기질이 있으며 고지식하고 변형을 잘할 줄 모르는 성향이 나타난다.

» 편관(나를 극하는 오행으로서 음양이 같은 경우)

- 장점: 분석력이 대단하고 사물에 대한 집착력이 있어 행동이 빠르다.
- 단점: 예민하여 스트레스를 잘 받고 상대방을 자기 뜻대로 움직이게 하려는 버릇이 있다.

» 정관(나를 극하는 오행으로서 음양이 다른 경우)

- 장점: 배려심이 있고 상대방의 관점에서 행동해 나간다.
- 단점: 고리타분하고 원리 원칙만 중요하게 여긴다. 주체성이 없다.

편중된 십성을 토대로 장단점을 분석해 보았는데 엄밀히 따지자면 편중된 사주는 어눌하고 사고가 삐딱하여 인간관계에서 부정적인 사고를 만들어 나가게 된다는 단점이 있다. 하지만 그러한 성향을 변형시켜 나간다면 개인의 잠재역량을 살려 나가는 데 커다란 열매를 맺을 수 있다는 장점이 있다.

즉 협의적인 궁합으로 서로의 입장을 생각해 보고 광의적인 사고를 통해 자아발견이나 잠재역량을 강하게 살려 나가는 데 투자를 하는 것이 자신의 사고를 인간관계에 따른 단점으로 표출하는 것보다 효과적이라고 할 수 있다.

이러한 편중된 사주를 오행상생제화작용과 상모, 억부작용을 통하여 분석해 보자.

③ 오행상생제화작용

오행상생제화작용은 나를 생하여 주는 오행이 너무 많아 나의 본모습이 그러한 생함에 이기지 못하고 쓰러지거나 썩게 된다는 의미가 있다.

광의적인 궁합의 사고

인성이 많다는 얘기이므로, 이것을 잠재역량으로 발휘한다면 학문적인 성공, 새로운 벤처 분야에 두각을 나타낼 수 있으며 인간관계에서 그러한 능력을 표출함으로써 자기 PR을 해 나간다고 할 수 있다.

협의적인 궁합의 사고

자신의 인성이 과다한 상태에서 상대방과의 관계에 있어 형, 충, 파, 해가 존재하거나 오행을 고루 갖추지 못했다면 자신의 성향을 인정하여 나의 과시나 잘못된 행동을 반성하고 상대의 마음을 헤아려 나가는 것이 중요하다.

④ 抑扶(억부) 작용과 相侮(상모) 작용

억부작용은 오행이 과다하게 편중되어 있을 때 그것을 적절하게 조절할 수 있는 오행이 있는지를 연, 월, 일, 시를 통해 분석해 나가는 것이다. 상모작용이란 오행이 편중된 경우 그 편중된 오행을 적절하게 조절하는 억부용신의 오행을 의미하는데, 그 오행이 편중된 오행을 이겨

내지 못하여 제구실하지 못하는 것을 의미한다.

예시

傷官　甲子　比肩
偏印　辛未　偏官
　　　癸卯　食神
比肩　癸亥　劫財

亥(해), 卯(묘), 未(미) ─ 삼합(식신이 강하게 발현)
相侮作用(상모작용)하는 오행: 월간의 辛(신)

억부용신

해, 묘, 미의 삼합으로 인하여 木(목)이 과다하게 편중되어 있다. 이것을 십성으로 펼쳐본다면 식신의 작용이 크다고 할 수 있으며 식신과다로 인하여 배우자를 강하게 친다거나 나의 생각만을 강요하는 습성이 강하다고 볼 수 있다.

하지만 월지의 '辛(신)'의 작용, 즉 오행으로는 金(금)에 해당하는 십간이 해, 묘, 미의 삼합을 제지하는 역할을 하여 식신의 작용이 크게 발현되지 않는다고 해석할 수 있다. 즉 배우자를 치지 않고 상대의 의견을 공유하고 존중하는 사주라고 해석할 수 있다.

상모작용

또 다른 맥락에서는 해, 묘, 미의 삼합으로 인해 목이 과다 편중되어 있어 월지 '辛(신)'의 작용, 즉 오행으로는 金(금)에 해당하는 십간이 크게 작용을 하지 못한다는 의미를 가진 이론이라고 할 수 있다.

즉 상모작용 이론에 의하면 금이 커다란 목에 이기지 못하고 부러진다는 의미를 가진다고 해석할 수 있다. 여기서는 상모작용의 해석대로 인간관계를 분석하기보다는 자신의 장기, 잠재역량을 통해 해석하는 것이 중요하다고 볼 수 있다.

즉 상모작용과 억부작용을 동시에 분석해 봤을 때 식신의 잠재역량을 살려 나간다면 크게 성공해 나갈 수 있는 면모가 보인다고 할 수 있으며 상모작용의 역할이 크게 발현될 수 있다. 하지만 인간관계에서 자신의 단점을 드러내지 않고 상대의 마음을 배려해 주는 마음이 크게 생긴다는 의미에서는 억부작용이 더 크게 작용한다고 해석할 수 있다.

癸(계)의 성향을 통한 종합적 해석

» 광의적 궁합의 사고

癸(계)의 조용하고 섬세한 감성적인 면을 살려 식신의 관념과 연결하여 설명할 수 있다. 식신은 어떤 사물이나 관념을 비교 분석하고 새롭게 창조해 나간다는 마이스터 적인 감각, 기술성을 의미한다고 볼 수 있다. 즉 자신의 잠재역량을 살려 기술성을 요하는 직업이나 취미생활을 해 나간다면 크게 자신의 장기를 표출해 나갈 수 있는 특성을 가진다고 할 수 있다.

» 협의적인 궁합

만약 상대방과 형, 충, 파, 해가 존재하거나 오행이 고루 조화를 이루지 못한다면 억지로 상대방의 환심을 사기 위하여 관계를 맺는 것보다는 자신의 장기나 기술력을 어필하여 상대방과 공유하고 자주 의견을 나누는 것도 자신의 부족한 면을 메워갈 수 있는 방법이 된다.

6-2. 印星(인성), 比劫(비겁)이 많은 경우의 궁합적인 태도

① 비겁이 많은 경우

예시

傷官　庚子　偏財

偏財　癸未　比肩

　　　己未　比肩

食神　辛未　比肩

광의적인 측면

위의 사주는 일간 己(기)의 기질을 가지고 있어 섬세하고 자상하지만, 내성적이고 잠재된 마음을 억누르고 참아버리는 고유성격을 가졌다. 하지만 사주를 왕상휴수사로 분석해 봤을 때 가장 신강인 왕에 해당하며 이는 본인의 고유성격을 밖으로는 드러내지 않기 위하여 활동적이고 진취적인 성향을 어필하려고 인간관계를 형성하는 성향이 많이 보인다.

즉 일간 음의 기질을 가진 측면에서는 내향적이지만, 십성구조에서는 비견이 과다하여 이러한 성격적인 면이 나타난다고 볼 수 있다. 또한, 비견과다 측면과 일간의 성향을 분석해 봤을 때 본인의 고유성격을 열등의식이라고 생각하여 행동하기 때문에 항상 부자연스러운 행동으로 상대방에게 비칠 수 있다.

잠재역량을 활동적인 측면에서 살려 나간다면 훨씬 생산적이라고 해석할 수 있지만, 인간관계에서는 다소 부자연스러운 행동을 연출할 수 있다는 단점을 가지고 있다.

즉 본인이 열등감은 또 다른 나를 힘들게 하는 방법의 하나라는 것을 깨닫는 것이 중요하며 고유성격을 인정해 나가되 중용을 가지는 마음가짐도 때로는 미덕임을 스스로 알아야 한다.

상대방 궁합을 통한 협의적인 측면

예시

正印　乙未　傷官

傷官　己卯　正印

　　　丙戌　食神

(시는 미상)

위의 '己未(기미)' 사주와 상대방인 '丙戌(병술)' 사주는 각각 부부 생리사별과 백호살을 가진 사주라고 할 수 있다. 즉 각자의 신살 론을 토대로 분석하면 인간관계나 부부관계에서 단점이 상대방에게 전달되어 서로 고통이 있을 수 있음을 암시한다. 또한 '戌未(술미)'의 破殺(파살) 사주가 형성되어 입장 차이로 시비수가 많다고 해석할 수 있다.

- 병술 입장: 丙(병)의 급한 성격으로 인하여 상대 배우자의 성향을 인정하지 못하고 자기식대로 표현하여 상대방에게 상처를 주었다.
- 기미 입장: 상대방 '丙(병)'의 고유성격을 인정하고 받아들이되 본인의 부자연스러운 행동을 먼저 인정하지 못하고 상대방의 행동을 관망하지 못하여 갈등이 생겼다고 할 수 있다.

하지만 서로간의 월지를 통하여 분석해 봤을 때 卯未(묘미) 반합이 형성되어 그것을 서로 알아차리고 극복해 나가는 사주라고 해석할 수 있다. 半合(반합)이 없더라도 서로의 성향을 관망하고 알아차린다면 궁합적인 형, 충, 파, 해는 충분히 극복 가능하다고 할 수 있다.

그리하여 比劫(비겁)이 많은 사람은 본인의 습성을 차분히 관망하려는 노력이 가장 필요하다고 할 수 있다. 또한, 여유롭게 생활하려는 마음가짐이 필요하다.

② 인성이 많은 경우

예시

偏印	戊戌	偏印
偏印	戊午	正官
	庚辰	偏印
偏官	丙戌	偏印

광의적인 측면

일단 사주 명식을 봤을 때 일주의 경진이 가장 눈에 띈다고 볼 수 있다. 경진은 신살 론 중에서 괴강살에 해당하며 진취적이고 통솔력이 뛰어나다고 할 수 있다. 또한, 편인의 과다와 연결되어 설명할 수도 있다. 즉 편인 과다는 약삭빠르고 싫증을 잘 내어 새로운 것을 지속적으로 추구한다는 성향을 가지고 있다.

즉 편인 과다(인성의 과다)는 旺相休囚死(왕상휴수사) 중에서 相(상)에 해당하여 신강 사주로 분류된다. 눈치가 빠르며 진취적인 면이 두각을 나타낸다고 볼 수 있지만, 제삼자의 입장에서는 부담스럽다는 생각을 가질 수 있다. 눈치 빠르게 이것을 자각하여 상대방을 배려해, 한 템포 낮추어 행동하려는 연습도 필요하다고 볼 수 있다.

상대방 궁합을 통한 협의적인 측면

예시

偏印	辛丑	偏官
正印	庚寅	傷官
	癸巳	正財
食神	乙卯	食神

일주의 庚辰(경진)과 癸巳(계사) 사이에는 아무런 형, 충, 파, 해가 존재하지 않는다. 또한, 서로의 월지에서 '寅午(인오)'라는 반합이 형성되어 癸(계) 입장에서는 '庚辰(경진)'의 터프함이 매력으로 보일 수 있고 경진 입장에서는 계의 순수한 면이 매력적일 수 있다.

- 경진 입장: 상대방 '癸(계)'의 사주에는 寅巳(인사)라는 해살이자 역마형살이 존재한다. 상대방의 아픈 면모를 때로는 자상한 마음으로 지켜봐 주고 성향을 좀 더 분석하여 배려해 줄 필요가 있다.
- 계사 입장: 상대방의 약삭빠른 면 때문에 '인사 형살'의 영향을 받았다면, 그것은 본인의 잠재된 피해의식의 양상일 것이다. 자신에 대한 분석과 관망을 토대로 하여 상대방과의 관계를 분석해 나가야 한다.

위의 예시를 통하여 편인이나 정인 과다 즉 인성이 과다한 사람은 나만의 세계나 약삭빠른 면, 고정적인 본인의 성격으로 인해 상대방의 진실한 면모를 보지 못할 수 있다. 즉 나의 성향만을 강조하기보다는 상대방을 있는 그대로 바라봐 주고 대화를 많이 나누는 것이 하나의 방법이 될 수 있다. 또한, 나의 관점이 고정적이었다고 느껴졌다면 상대방의 아픔을 어루만져 주는 관용이 필요하다.

6-3. 官星(관성)이 편중된 사주의 궁합적인 태도

예시

偏官　辛酉　偏官
傷官　丙申　正官
　　　　乙酉　偏官
劫財　甲申　正官

광의적인 측면

관성이 과다하다면 旺相休囚死(왕상휴수사) 중에서 死(사)에 해당하여 신약사주의 하나라고 할 수 있다. 즉 관성이 남을 배려하고 도덕, 윤리에 따라 상황을 본다는 의미는 있지만 과다하다면 주체성 없이 남의 의견에 과민반응을 보이거나 상대방의 의견에 휘둘릴 가능성이 크다. 이러한 것들을 피해의식으로 생각하여 상황이 바뀌었음에도 하나의 습관으로 자리잡게 된다.

즉 남을 배려해 주는 면을 장점으로 삼되 자신만의 계획, 남에게 휘둘리지 않는 등의 과감한 행동을 해야한다. 오히려 이러한 것들이 상대방에게 어필할 수 있는 면모가 될 것이다. 이것은 후천적으로 얼마든 지 개선해 나갈 수 있다고 볼 수 있다.

상대방 궁합을 통한 협의적인 측면

예시

正財　壬戌　劫財
正財　壬寅　正官
　　　己未　比肩
偏官　乙丑　比肩

일주의 乙酉(을유)와 己未(기미)와는 아무 형, 충, 파, 해가 존재하지 않는다. 하지만 월지의 寅申 沖(인신 충)이 있어 역마 형살이자 지지 충 이 강하게 형성되어 있다고 할 수 있다.

즉 乙酉(을유)는 己未(기미)가 夫婦生利死別(부부 생리사별) 日辰(일 진)의 단점이 드러나 성향이 맞지 않음을 느꼈다고 한다. 己未(기미)는 섬세함이 지나쳐 상대방의 단점만을 보는 성향이 강하며 지나치게 소 심하고 예민한 것이 인간관계에서 드러났다.

즉 이러한 면 때문에 연애하는 데 己未(기미)는 乙酉(을유)의 성향이 못마땅하게 느껴졌을 것이고 을유 역시 기미의 성향과 맞지 않아 고초 를 겪었다고 해석할 수 있다. 그렇다면 대화를 통하여 서로의 입장과 갈등을 알아보도록 하자.

예시 커피숍에서의 대화

을유: 배 안 고파? 우리 이따 편의점에 가서 뭐라도 먹을래?

기미: (피곤한 듯) 아니 괜찮아.

을유: 너 아까 배고프다고 했잖아. 내가 맛있는 것 사줄게.

기미: 됐어, 그냥 집에 가서 잠이나 잘래.

을유: 아! 너 또 왜 그래? 내가 뭘 잘못했는데?

둘은 저녁 늦게 커피숍에서 뭘 먹을까 고민하다가 을유가 먼저 편의점에 가서 뭐라도 먹자고 얘기했다. 하지만 기미는 근사한 레스토랑이나 맛집에 가길 원하였으며 을유가 그것을 잘 파악하지 못하고 편의점에 가자는 말을 꺼내 짜증이 났다고 볼 수 있다.

즉 기미는 丑戌未(축술미)의 三形殺(삼형살)과 맞물려 내적인 자기표현은 잘 하지 않고 상대방의 단점을 먼저 보는 성향이 강하다고 볼 수 있다. 또한 이를 잘 받아주지 못하고 옹졸하게 상대방의 반응에 휩쓸려 나가는 乙酉(을유)도 상대방이 못마땅하다고 볼 수 있다.

乙酉(을유)는 관성과다를 어떻게 극복해야 할까?

여기서 乙酉(을유)는 정체성이 필요하다고 볼 수 있다. 여기서 정체성이란 남의 말에 휘둘리지 않는 상태에서 나의 존재를 인정한 후 소신껏 행동하는 행위를 의미한다. 예민하고 상대방의 말에 기분이 좌지우지된다면 침묵으로 일관하는 것도 하나의 방법이 될 수 있다.

침묵 후 적절한 시기를 잡아 상대방에게 나의 의견을 제시하여 주면된다. 즉 웃음을 연출하며, 편의점은 농담이었고 더 근사한 레스토랑을 예약했다고 하면 된다. 하지만 비슷한 일들이 지속해서 반복된다면 침착하게 자기 생각을 얘기하는 것도 한 방법이 될 수 있다. 여기서 중요한 것은 己未(기미)가 나의 단점을 보고 자주 화를 내듯 나 또한 상대방의 단점을 논리적으로 정리하여 얘기를 해주면 된다.

예시

기미: 무슨 일인데 갑자기 불러?

을유: (살며시 웃으며) 자기는 참 매력도 있고 예뻐! (침착하면서 낮은 톤으로) 난 자기가 좋아서 이렇게 저렇게 표현하는 건데 자기는 내가 싫은가 봐.

기미: (머뭇거리며) 아니, 싫은 게 아니라 자기 하는 말은 닭살 돋아서 그래. 쓸데없는 말을 왜 그렇게 많이 하는 거야?

을유: 우리 연인 사이야. (다른 연인 사이들의 닭살 행동들도 얘기하며) 지금 우리가 하고 있는 것은 연인도 친구도 아무 사이도 아니야. 솔직히 내가 선물을 주거나 도시락을 싸오는 날이면 고맙다고 표현해 준 적 있어? 진심으로 나의 이름을 한 번이라도 불러봐 준 적 있어?

기미: (미안한 표정을 짓는다)

위의 대화에서 볼 수 있듯 己未(기미)의 장점을 먼저 말한 뒤 단점을 말하며 자기 생각을 정중하게 표현하면 된다. 이렇게 하여도 상대방이 덕이 있지 못한 행동을 한다면 미련 없이 관계를 끊는 것도 하나의 방법이라고 할 수 있다.

관성의 과다를 가지고 있는 사주는 항상 남의 의견이나 행동에 중심을 잡지 못하고 예민 반응을 일으키는 것이 단점이라고 할 수 있다. 이것을 극복하는 방법은 침묵과 간단한 임기응변 그리고 정체성을 가지고 침착하게 자신의 의견을 표현해 나가는 것이 가장 중요하다고 할 수 있다. 또한, 자신은 특별한 사람이 아닌 그저 그런 평범한 인간 중 하나라는 것을 인식한다면 남의 말에 크게 좌지우지되지는 않을 것이다.

6-4. 상관이 편중된 사주의 생활 방식과 궁합적인 사고능력

예시

偏官　癸亥　正官
比肩　丁巳　劫財
　　　丁酉　偏財
正印　乙巳　劫財

地藏干 — 初期
司令 — 戊

위의 사주는 겉으로 보기에는 식상이 없다고 할 수 있지만 월지의 사령을 중심으로 지장간 초기가 형성되어 있다. 즉 巳(사)의 지장간은 戊(7), 庚(7), 丙(16)이며 일간을 중심으로 상관에 해당된다고 볼 수 있다. 즉 원 사주의 활동적이고 진취적인 면이 언변 능력을 토대로 형성되어 있다고 할 수 있다.

다음으로 연지의 해 역시 무(7), 갑(7), 임(16)에서 무에 해당하여 일간과 맞추어 봤을 때 상관이 형성되며 시지 또한 지장간에 상관이 형성되어 있다. 즉 지장간을 위주로 봤을 때 상관이 편중된 사주라고 할 수 있다.

광의적인 사고

위 일주의 丁酉(정유)는 신살 론에 해당되는 육십갑자가 아니다. 단지 丁(정)의 성향상 우유부단하고 고집이 세, 다혈질적인 성향으로 상대방에게 비칠 수 있다는 단점이 있다. 또한, 한번 마음이 상하면 옹졸한 마음이 내재되어 있어 대인 관계에서 감성적인 인간으로 비칠 수 있다.

하지만 巳酉(사유) 半合(반합)이 월, 일지와 일, 시지에 놓여 있어 이러한 본인 성향을 극복하려는 면이 강하다고 할 수 있다. 본인의 옹졸한 마음을 월주의 비겁과 지장간 상관의 성향을 통해 잠재역량을 표출해 나간다고 할 수 있다. 즉 돌아다니면서 생각을 표현할 수 있는 영업직, 여행 작가, 프리랜서와 관련된 일이 그것이며 그들은 인간관계에서 활동적인 면을 과시해 나간다.

하지만 지장간의 傷官過多(상관과다)로 때로는 본인의 성향이 좀처럼 조절이 되지 않을 때가 있음을 인지한다고 한다. 이는 왕상휴수사의 휴에 해당되는 중화된 육신이기는 하지만 과다로 인하여 신약한 마음으로 변모해 나간다고 해석할 수 있다.

상대방 궁합을 통한 협의적인 측면

예시

正官 辛酉 正官
偏官 庚子 正印
　　　甲申 偏官
傷官 丁卯 劫財

　일주의 丁酉(정유)와 甲申(갑신)은 형, 충, 파, 해가 존재하지 않으며 甲申(갑신)의 부족한 財星(재성)을 충분히 정유가 메워 주고 있고 정유 역시 상관 과다의 戊(土)를 적절하게 처줄 수 있는 木(목)이 甲申(갑신)에게 있어 궁합은 좋다고 할 수 있다.

　즉 갑신의 부족한 재성을 적절히 정유가 메워 주고 있어 돈의 관리와 흐름을 갑신에게 제공해 줄 수 있으며, 재테크나 설계 능력 또한 요령 있게 리드해 나갈 수 있다. 반대로 정유 역시 상관 과다로 인한 본인의 단점을 적절하게 조절해 줄 능력이 甲申(갑신)에게 존재한다고 해석할 수 있다.

갑신: 이사를 그렇게 급하게 가야 되겠어?

정유: 빨리 가자! 거긴 목도 좋고 공기도 좋고 공원과 도시도 잘 융화가
　　　되어서 정말 좋은 거 당신도 알잖아.

갑신: 근데 아직 상황이 아닌 것 같아. 가려면 대출도 해야 한단 말이야.
　　　물론 자기가 돈 관리하는 건 알겠는데, 너무 성급하다는 생각이
　　　안 들어? 아직 그곳은 개발 단계라서 전망이 불투명할 수 있잖아.
　　　상황을 더 보고 판단하자.

정유: 내가 다 조사해 봤어. 지금 산다면 분명히 1년 뒤에 땅값이 오른다
　　　고 나왔단 말이야! 내 말만 믿고 이사 추진하자.

(이사 가고 1년 후)

갑신: 거봐, 여기는 아직 개발 단계이고 우리가 풍류를 즐길 수 있는 곳
　　　이 아무것도 없잖아. 대학이랑 공업 단지가 있다고 해서 다 좋은
　　　줄 알아? 대학도 폐교될 상황이라고 하고 단지 조성도 아직 확정
　　　이 안 됐다더라! 분명 땅값도 내리게 될 것 같아! 그러니 좀 더 지
　　　켜보자고 했잖아.

정유: 자기 말이 맞는 것 같아. 대출도 갚아야 하는데 어떡하지?

갑신: 다른 돌파구가 있을 거야. 이번에는 성급하게 일을 처리하지 말고
　　　천천히 상황을 관망하면서 지켜보자.

상관이 편중된 사주는 언변 능력을 위주로 상대방에게 어필하려는

면모가 많이 보이긴 하나 실속 없는 인간관계를 맺어 나갈 가능성이 크다. 다시 말해 돌아다니면서 나의 실리를 챙기려는 의도는 강하나 다른 사람에게 술수가 드러난다고 비판받을 수 있으며 빈축 살 상황이 많아질 수 있다는 단점이 있다.

즉 본인 스스로 변덕이 심하고 말을 한 다음의 실천력이 부족하여 앞선 상황을 초래할 가능성이 크다. 마음만 앞서지 몸이 따라 주지 않아 용두사미가 되는 상황도 여기에 해당된다고 볼 수 있다.

상관이 과다하다면 마음가짐을 어떻게 해야 할까?

일단 변덕과 조급함이 가장 큰 문제라고 할 수 있다. 상관이 많은 사람은 역마기질 못지않게 주위가 산만하다. 또한, 상황에 따라 일시적으로 좋고 나쁨이 확실하여 성급한 상황을 만든다. 그렇게 되면 후회하게 되는 일이 많아진다고 볼 수 있다. 때문에, 차분한 습관을 가지고 사물을 관망하려는 노력이 필요하다고 볼 수 있다.

차분하게 사물을 관망한다는 의미는 조급하게 일을 처리하지 않고 나의 잠재역량을 발견하여 '간을 본다'는 마음가짐으로 일을 진행하려는 습관이 필요하다.

자신이 프리랜서적인 기질이 강하며 말을 잘한다는 것을 알고 나서 그것들을 한꺼번에 얻으려는 심리가 작용해 나중에 용두사미 또는 작심삼일로 끝나 버리는 경우도 사물을 관망하는 자세를 가져야 한다. 산에 올라갈 때 목적지만 보고 가면 금방 지치고 맥이 빠지므로 천천히 주위 환경도 보며 즐긴다는 생각으로 산행하는 것이 훨씬 생산적이라고 할 수 있는 것과 같다.

어쩔 수 없이 급한 행동으로 손해를 본 상황이라면 고정적인 일거리를 찾아 자신의 성급했던 행동들을 잊어버리는 연습이 필요하다. 서로의 관심과 집중을 자주 보여 줄 수 있는 문화 창출, 여가생활, 계획된 일정을 통하여 과정을 즐겨나가는 방법을 배우는 것도 좋을 것이다.

6-5. 편중된 사주를 대하는 자세와 태도

① 印星(인성)과다와 比劫(비겁)과다를 대하는 자세

인성과 비겁은 왕상휴수사의 개념으로 볼 때 旺(왕)과 相(상), 신강사주에 속한다고 할 수 있다. 즉 과다 시 인성과 관성 모두 비슷한 양상을 보인다고 할 수 있다. 인성과다와 비겁과다의 특징은 비슷한 양상으로 남의 이목에 구애받지 않는 것이 특징이며 자기 생각과 다른 사람의 생각을 대조하여 맞추어 나가기보다는 자기의 주장과 생활 방식의 가치관을 뚜렷하게 내세운다. 이러한 신강사주의 과다는 자신의 감정을 숨기지 않고 상대를 비판하며 자신의 잣대대로 상대방이 움직여 주기를 바라는 성향을 가진다고 할 수 있다.

여기서 중요한 것은 그러한 방식이나 생활습관을 쉽게 바꾸려 하지 않는 것에서 문제가 있다는 것이다. 즉 이러한 성향을 가진 사람이 배우자이거나 일을 하는 동료, 파트너일 때 직접적인 맥락을 가지고 상대방에게 말대꾸하면 서로의 관계를 더욱더 악화시킬 수 있다. 그렇다고 항상 참으며 상대방의 성향만 인정하기에는 본인도 스트레스가 쌓이게 될 것이며 골만 깊어질 수 있다.

　이런 경우에는 상대방의 성향과 기질은 인정하되 자신 또한 주체성을 가지고 행동해 나가야 한다. 예를 들어 보자. 시어머니와 남편이 한 가지 맥락으로 나의 성향과 행동을 꾸중할 때 거기에 주눅이 들어 그들의 행동에 비위를 맞추게 된다면 반복적인 일상으로 인하여 마음속 깊은 곳에 응어리만 지게 될 것이다. 자신이 그럴 수밖에 없는 이유를 적극적으로 표현하는 것이 중요하다.

　이러한 표현을 직접적인 대면을 통해 감정적으로 표출하기보다는 서로의 입장 차이를 논리정연하게 편지나 문자를 통해 전달하는 것이 중요하다. 또한, 역할 놀이를 통해 나의 입장을 상대방과 바꿔 역지사지를 깨달을 수 있게 하는 것도 하나의 방법이 될 수 있다.

　인성과다와 비겁과다를 가진 사람들의 또 다른 특징은 자신만의 관심사를 누군가와 공유하는 것을 좋아한다는 것이다. 자신이 좋아하는 것에 상대방이 관심을 보인다면 적극적으로 자기 생각을 표출해 나갈 가능성이 크다. 그렇기 때문에 상대방의 성향을 인정하고 거기에 관심이 있다면 자주 들어주는 미덕이 필요하다.

　여기서 중요한 것은 상대방의 의견을 들어주되 자신만의 의견을 논리적으로 표현하는 연습도 필요하며 역설적인 언어 구사를 익혀 상대의 허를 찌르는 것도 하나의 방법이 될 수 있다.

② 食傷(식상)의 과다를 대하는 자세

식상은 인극식의 원리와 식극관의 원리에 의하여 설명할 수 있다. 즉 인에 의하여 식이 극함을 당하고 관을 주체적으로 극하는 성향을 가지고 있기 때문에 식상이 과다한 사주를 가진 사람은 우선 배려심이 약하다고 할 수 있다. 자식 교육에서도 이러한 성향들이 발산될 가능성이 크다. 만약 이러한 식상 과다의 사주를 대할 때는 나의 성향과 상대방의 성향을 관망해 나가는 것이 필요하다.

즉 상대방은 원래 자기 방식대로 행동하고 말하는 습성이 있기 때문에 의도적으로 나를 나쁘게 하려는 면모가 없다는 것을 본인 스스로 각인해야 한다는 것이다. 지나친 습관이나 생활 방식이 피해의식으로 바뀌어 상대방의 행동에 과민반응을 보일 수 있다. 이러한 것들이 나의 예민함으로 인해 발현되었다면 상대방의 행동이나 말을 그냥 넘겨 버릴 수도 있는 문제이다.

또한, 자식 문제에 배우자가 강하게 집착을 보인다면 자식 스스로 판단할 수 있도록 배우자와 대화를 나누는 것이 중요하다. 즉 자식이 어떠한 문제에 봉착했을 때 식상 과다의 사주를 가진 배우자가 강압적으로 행동한다면 잠시 따로 분리시켜 대화의 장을 만들어 나가는 것도 필요하다. 자식의 독립된 선택을 존중해 주며 어떠한 선택을 했을 시, 그것에 대한 책임을 질 수 있도록 의미부여를 해주는 것이 필요하다고 할 수 있다.

- 배우자에게
- 제발 자식에게 그런 행동은 하지 마. (✕)
- 우리 한번 자식을 믿고 지켜봐 줘요. (○)
- 나중에 원망 듣는 것보다는 그 방식이 더 나을 수 있어요. (○)

- 자식에게
- 너 이건 안 돼 무조건 안 돼. (✕)
- 이런 방식을 추구할 때는 예상하지 못한 결과도 생길 수 있어. (○)
- 알아서 잘할 문제지만, 다른 방법도 있으니 그것도 고려해 보는 것이 어떠니?(○)
- 여기에는 이러한 함정이 있을 수 있어. 선택은 네가 할 문제이지만, 만 약 잘못되더라도 부모에게 책임 전가를 안 했으면 좋겠다. (○)

이러한 대화법을 추구하는 것이 상대 배우자의 위상을 세우고 자식에게도 원망을 덜 들을 수 있는 지름길이 된다.

③ 官星(관성)의 과다를 대하는 자세

　관성과다 사주를 왕상휴수사로 봤을 때 死(사)에 해당하며, 상대방
과의 인간관계로 해석해 봤을 때는 배려심이 강하다고 표현할 수 있다.
하지만 성향적인 문제로 봤을 때는 예민함이 강하다고 할 수 있다. 즉
남을 배려함에 있어 조급함이 강하며 상대방의 요청을 거절하면 나의
도덕적인 면이 치명타를 받을 것이라는 생각을 많이 가지고 있다. 때문
에, 쓸데없는 걱정거리를 지속해서 만들며 가족에게 이러한 성향을 불
어넣을 가능성이 있다.

　그래서 관성이 과다한 상대방의 성격을 인정해 주는 것이 필요하며
상대방이 거절하는 연습을 해본 적이 없는 경우가 많다는 것을 각인해
야 한다. 단호하게 거절하는 연습을 같이 해보는 것도 도움이 된다고
할 수 있으며 상대의 요청을 거절하지 못하여 가족들이 더 힘들어질
수 있다는 것을 이해시킬 필요가 있다.

　한편 관성이 과다한 사람은 이유 없이 우울한 카르마가 형성되어 불
안함과 공황장애, 신체적인 우울감을 가지고 있을 수 있다. 즉 관성과
다를 가진 사람에게는 나의 태도와 말 한마디가 가장 중요하다.

　상대방이 지속적으로 예민하게 감정을 호소할 때, "또 그 소리야?",
"그것 때문에 넌 안 된다.", "내가 그러지 말랬잖아.", "그냥 잊어버려."
라는 말들은 아무 도움이 안 되며 상황을 더욱 악화시킬 것이다. 묵묵
히 상대의 마음을 헤아려 주고 들어주는 자세가 필요하며 각종 취미활
동이나 봉사 등 움직이면서 사람과 관계를 맺는 연습을 해야 한다. 즉
자신보다 못한 사람들을 접해 보는 것이 중요하다고 할 수 있다.

④ 財星(재성)의 과다를 대하는 자세

왕상휴수사중에서 囚(수)에 해당하며 신약사주라고 할 수 있다. 즉 재성이 적당하다면 크게 문제되지 않지만, 과다하게 존재한다면 성향이나 인간관계에서 문제를 야기시킬 수 있다. 여기서 문제를 야기시킨다는 것은 사물이나 환경을 바라보고 분석해 나갈 때 강한 집착을 보는 것이다. 이것이 하나의 우울증이나 강박증을 유발하는 원인이 될 수 있다.

그들은 현실적인 권태로움을 자주 느껴 바쁜 일상을 통해 자신만의 돌파구나 희열을 찾는다. 일중독이나 각종 사물에 대한 중독, 게임 중독 등을 통해서도 자신의 내면을 쏟아 부을 가능성이 있다.

인간관계에의 관점을 토대로 보자면 편재가 과다할 시에는 현실적인 따분함과 반복되는 일상생활에 지루함을 느낌으로써 새로운 인간관계를 형성하려는 노력이 강하게 나타날 수 있다. 즉 보헤미안적 관념으로 바뀔 가능성이 크며 자신의 아내나 남편, 지금 관계를 맺는 사람, 가족 이외에 새로운 인간관계를 맺으려는 성향을 보일 수 있다.

정재가 과다하면 꼼꼼함이 도를 넘어 주위 사람들을 피곤하게 할 정도로 지나치게 깔끔할 수 있다. 만약 사주에 식상이 존재한다면 충분히 극복할 수 있는 성향이지만, 그렇지 못하다면 자신의 관념에 빠져 주위의 상황을 돌아보지 못할 수 있다.

이러한 재성과다 사주를 가진 사람을 배우자나 친구로 두었다면 관심을 두고 집중하고 있다는 것을 자주 표현하고 그의 얘기를 자주 들어주는 자세가 중요하다. 즉 그들이 가지고 있는 따분하고 지루한 하나의 주제를 자세히 들어주고 공유함으로써 그들 스스로 문제를 깨닫게 할 수 있다.

그 깨달음을 통하여 서로의 마음을 확인하고 내가 무엇이 지나쳤고 중독되었는지를 스스로 반성하고 자생하는 마음이 일어날 수 있다. 이 것은 자아 팽창적(ego-expansion) 만족감을 상대방에게 주는 것이며 이것이 상대방 입장에서는 자아를 만족하게 되는 지름길이라고 할 수 있다. 또한, 주위 사람들에게 친절을 베푸는 정의 효과를 가지게 된다 고 볼 수 있다.

여기서 중요한 것은 상대의 의견을 중요하게 여기고 들어주되 마음 을 공유할 수 있는 문화생활이나 여가활동, 각종 동호회, 계획성 있는 여행 등을 잡아서 일주일에 한 번, 또는 한 달에 한 번 정도는 같이 즐 기고 공유하려는 자세가 필요하다.

즉 여행이나 여가생활이 일중독이나 계획적인 마인드에 중독된 상 대방에게는 결과 못지않은 과정의 중요성을 일깨워 줄 수 있는 자양분 이 되기 때문이다.

맺는말

사주, 궁합을 통해 알 수 있는 것은 '사람은 누구나 완벽하게 인간관계나 사랑을 추구해 나갈 수는 없다.'는 것이다. 이것을 증명할 수 있는 것은 심리학적인 측면에서도 응용되고 있으며 간단한 이론을 통하여 소개할 수 있다. 황상민 교수님이 쓴 짝, 사랑의 내용을 참고로 하자.

- 결혼 생활과 사귐의 유형
  - 자기관리형 → 책임 형
  - 열정적 사랑 형 → 좀비 형
  - 패밀리 형 → 보헤미안 형

— 황상민 교수의 〈짝, 사랑〉 중에서

자기 관리형은 다른 사람의 이목을 중요시하는 심리가 있다. 주로 관성이 강하거나 정관, 정인이 있는 사람들의 특징이라고 할 수 있으며, 항상 예의 바르고 전통적인 사고, 문물을 중요하게 여긴다고 할 수 있다. 이러한 카르마가 작용해 인간관계를 맺거나 결혼 생활을 유지해 나가는 데 그러한 면들이 표출되어 결국 책임형으로 바뀌어 나갈 가능성이 크다. 책임형은 나쁜 의미를 유도하는 것은 아니지만, 그렇다고 인간미가 강하거나 상황에 따른 대처 능력이 빠르다고는 단정 지을 수는 없다.

열정적 사랑형은 결국 시들해지기 마련이고 삶의 의욕마저 떨어지게 만들 수 있다는 것을 의미한다. 아무리 천생연분의 궁합이라고 하더라도 시간이 지나고 상황이 변하면 서로 다름을 인지해 나갈 수 있다는 것을 의미한다.

패밀리형은 가족 중심으로 사람을 사귀고 헤어짐을 반복하는 것을 의미한다. 친구를 사귀는 것도 부모님에게 얘기해서 가족의 판단하에 맺고 끊음을 확실히 하는 것이다. 정인이 과다하거나 재성이 많은 경우, 사주에 형, 충, 파가 많은 경우가 이러한 유형에 해당될 수 있다. 또한, 사주에 합이나 형, 충, 파, 해가 없는 밋밋한 성향을 보이는 경우도 여기에 해당된다고 볼 수 있다.

즉 안정을 추구하고 주위의 말 흐름을 중요하게 여긴다는 장점은 가지고 있지만, 사랑과 열정이 없다는 단점을 껴안고 있다. 이러한 성향을 가진 사람들은 결국 보헤미안형으로 바뀔 가능성도 배제하지 못하며 내 짝은 다른 곳에 있다는 환상에서 벗어나지 못할 수도 있다.

이러한 말들이 정석이라고 할 수는 없지만, 결혼 생활이나 인간관계에서 모두를 만족시킬 수는 없다는 것을 의미한다. 장점이 있는 것 이면에는 항상 단점이 있다는 것을 알아야 한다고 볼 수 있다. 동양 철학적인 의미로 부여하자면 음양의 조화라고 표현할 수 있으며, 이러한 유형이나 인간의 삶을 통하여 긍정적인 마인드를 본인 스스로 형성해 나가려는 노력이 중요하다고 할 수 있다.

사주에 형, 충, 파, 해가 월, 일지에 있거나 많은 경우, 궁합적으로 존재한다고 해서 극단적으로 생각하거나 역술가의 말에 휘둘려 마음의 부정적인 생각을 만들어 나갈 필요가 없다. 또한, 오행이 편중되어 있거나 조화를 이루지 못한다고 해서 자책할 필요도 없다는 것을 말한다.

나의 사주를 분석해 나가는 데 오행의 부재가 있다고 가정했을 때, 상대방 또한 나의 부족한 오행을 가지고 있지 못하다고 하여 낙담할 필요는 없다. 스스로 해답을 찾고 잠재역량을 살려 나가는 것도 긍정적인 효과의 에너지라고 할 수 있기 때문이다. 즉 이러한 사주와 궁합 이론들을 토대로 나 자신을 관망하고 상대를 이해하려는 노력이 무엇보다도 중요하다.

마지막으로 누구든지 사주를 공부하여 지혜를 일깨워 나갈 수 있다는 것을 말하고 싶다. 나를 관망하는 데는 자신의 카르마를 통하여 분석해 나가야 하며 상대방을 관망하고 인정하는 것은 부수적인 목표로 삼아야 한다. 무조건적인 참을성을 기르라는 의미가 아니라 적절한 처세를 통한 지혜를 일깨워 나가는 것이 무엇보다도 중요하다고 강조하고 싶다.